读懂中国制度

刘余莉 主编

任人唯贤　选贤与能
中国的选人用人制度

聂菲璘 编著

CIPG | China Foreign Languages
Publishing Administration
中国外文出版发行事业局

外文出版社
FOREIGN LANGUAGES PRESS

出版前言

中国作为世界上唯一一个和平崛起的大国，用几十年的时间完成了发达国家几百年走过的工业化历程。中华民族迎来了从站起来、富起来到强起来的飞跃，创造了"中国奇迹"。新中国从建立时的一贫如洗，经过短短几十年的努力，一跃成为世界第二大经济体，引发了世界惊叹。

英国学者马丁·雅克在其著作《当中国统治世界》一书中敏锐地指出："认为中国对世界的影响主要体现在经济方面，实在有些过时。中国的政治和文化可能也会产生无比深远的影响。"如今，随着中国日益走向世界舞台的中央，"中国之治"与"中国精神""中国智慧""中国方案"等也越来越得到国际社会的关注。而中国的成功，归根结底是中国制度和中国治理模式的成功，所以世界各国越来越多的学者开始探究中国治理的特质和优势。在中国制度形成的过程中，有很多因素都发挥了作用，其中最根本的，也是最重要的，当属中国几千年的文化传承。因此，要读懂中国制度，离不开对中华优秀传统文化的深入理解和正确认识。

任何一个国家的制度和治理体系皆非凭空出现，一定有其历史文化的渊源。习近平总书记在十九届四中全会的重要讲话中强调：中国特色社会主义制度和国家治理体系具有深厚的历史底蕴。在几千年的历史演进中，中华民族创造了灿烂的古代文明，形成了关于国家制度和国家治理的丰富思想，包括大道之行、天下为公的大同理想，六合同风、四海一家的大一统传统，德主刑辅、以德化人的德治主张，民贵君轻、政在养民的民本思想，等贵贱均贫富、损有余补不足的平等观念，法不阿贵、绳不挠曲的正义追求，孝悌忠信、礼义廉耻的道德操守，任人唯贤、选贤与能的用人标准，周虽旧邦、其命维新的改革精神，亲仁善邻、协和万邦的外交之道，以和为贵、好战必亡的和平理念，等等。中国选择中国特色社会主义制度，是由中国5000年的历史文化决定的。

这套"读懂中国制度"丛书，以习近平总书记在讲话中概括的11个方面为分册标题，以中国正史中记载的治国理政故事为基础，与当代中国治国理政的实践相结合进行阐述，在追溯古代中国治理经验和智慧的同时，呈现今天中国特色社会主义制度对中华优秀传统文化的一脉相承以及创新性发展，从而使读者清晰地看到中国特色社会主义制度的历史传承及其独特的民族性。

中国传统文化之所以优秀，是因为它是"志于道"的文化，追寻的是宇宙人生的大道。而老子指出，求道的方法与求学不同："为学日益，为道日损，损之又损，以至于无为，无为而无不为。"古圣先贤正是通过无为、无知的方式达到了无不为、无所不知。这与西方人求知识的方法已然不同。在求知的过程中，即使知识再丰富，但只要有知，就会有所不知，就不可能达到"全知"的境界。而圣人无知的境界，就如镜子一样，上面干干净净，本身没有任何图像，但是镜子的作用却能达到"无所不知"，可以"寂而常照，照而恒寂"。中国古人认为"人皆可以为尧舜"，即任何人通过学道都可以成圣成贤（"全知"）。但是在西方文化中，"全知"的上帝只有一个。因此，用西方求知识的方法理解中国古圣先贤的智慧，在方法论上就已存在相当的困难。

方法论的不同也导致了世界观和认识论上的分歧。

西方人的世界观和认识论以"二元对立"为主要特征：主观与客观、主体与客体、自我与他人、人与自然界等等。这种二元对立的思维方式渗透到方方面面，于是父子、夫妇、老板与员工，乃至兄弟、朋友、企业、国家之间都成为彼此对立的关系。所谓的竞争、博弈论、修昔底德陷阱等概念和理论，都是在这种二元对立的思维中产生的。用这种"二元对立"的思维方式和眼光来审视中国传统文化中的父慈子孝、夫义妇德、君仁臣忠、兄友弟恭、诚信合作、互利双赢、协和万邦、天人合一等理念，不可避免会导致误读与误判。

　　而中国古人很早就形成了"以天地万物为一体"的世界观，在这种"一体之仁"的观念之下，父与子、夫与妇，乃至兄弟、朋友、君臣、国家之间都是和谐一体的关系，因而一荣俱荣，一损俱损。在这种整体的思维方式下，中国虽然经历了漫长的历史发展过程，但是仍然保持了人与人、人与自然、人与社会，乃至国与国之间的和谐相处，从而使得中华文明作为世界历史上唯一一个没有中断的文明得以延续。究其原因，在于中国人在绝大多数的历史阶段中都尊重了古圣先贤"志于道"的发展方向，遵循了"天人合一"的世界观，采取了"一体之仁"的整体思维方式，坚持了"民胞物与"的道德观念。这种世界观、思维方式、道德观念渗透在国家治理和社会制度的方方面面。这套丛书正是从不同的视角解读独具中国特色的文化传统如何具体体现在政治、经济、文化、教育、法律、外交等制度设计与政策制定之中，从而为世界更好地了解中国搭建起一座桥梁。

　　当然，读懂中国制度，无论是对于具有西方文化背景的外国人，还是对于中国人本身，都不是一件容易之事。但这又是一件必须要做的事，因为它对于促进中国社会和谐，以及国与国之间的和平共处，具有重大意义。

　　"读懂中国制度"丛书也是坚持用中国话语讲好中国故事的一次尝试和努力。相信这套书的出版对于广大读者理解中国特色社会主义制度和国家治理体系的深厚历史底蕴，坚定中国特色社会主义道路自信、理论自信、制度自信、文化自信，以及对于促进中西方的文化交流互鉴，提升中华文化的国际影响力，都将产生积极而深远的影响。

总　序

　　进入21世纪以来，人类的整个面貌发生了巨大变化，世界的格局也出现了微妙变动。西方社会对于中国将要走向何方，以及选择什么样的方式走下去，表达了较之以往更为浓厚的兴趣。尽管这种兴趣里面仍然裹挟着一些质疑，但面对中国共产党领导下的中国特色社会主义伟大实践所取得的历史性成就，西方社会也不得不开始认真思考中国成功背后的答案到底是什么。

　　与西方社会表现出的困惑不同，这个问题的答案对于中国人而言是不言自明的，那就是中国共产党领导下的中国特色社会主义制度，是符合中国国情的根本制度，是能够确保我们顺利实现"两个一百年"奋斗目标，开启全面建设社会主义现代化国家新征程，进而实现中华民族伟大复兴的坚强保障。读懂中国，最根本的就是要读懂中国制度，读懂蕴藏在中国制度之中的文化基因和精神气质。正如习近平总书记多次强调的，中国特色社会主义制度是马克思主义为指导、植根中国大地、具有深厚中华文化根基、深得人民拥护的制度，是马克思主义同中国传承了几千年的优秀历史文化和广大人民日用而不觉的价值观念融通结合的产物。读懂中国制度及其蕴藏的精神气质，不仅要立足于当下的伟大实践，也要深入传承至今的中华优秀传统文化，领略其生生不息而日新又新的古老智慧。

习近平总书记在《坚持和完善中国特色社会主义制度、推进国家治理体系和治理能力现代化》的重要文章中，把中国制度所具有的深厚的历史底蕴从11个大的方面做了提纲挈领式的概括，集中涵盖了古人关于国家制度和国家治理的丰富思想，内容包括德治主张、民本思想、平等观念、用人标准、改革精神、外交之道等，为人们准确把握中国制度的精神气质指明了方向，彰显了中国制度的巨大优势和独特魅力所在，传达着坚定的文化自信和制度自信。

这套"读懂中国制度"丛书正是以习近平总书记的讲话精神为指导，深入到中华优秀传统文化的脉络之中，通过选取历史上与国家制度和治理有关的人和事并予以要言不烦的解读，力图把古人治国理政的智慧和经验清晰地呈现在人们面前，希望人们在不忘本来、以史为鉴的同时又能古为今用，助力当下正在推进的波澜壮阔的治国理政实践。由此可见，这套丛书的编撰有着鲜明的问题意识和现实关怀，虽然所选用的材料取自历史，但辨析的角度却是着眼当下，因此能给人以特别的启发。这套丛书很好地阐释了中国制度背后的悠久历史文化底蕴，有助于理解中国特色社会主义制度和中华优秀传统文化之间的历史继承性和时代创新性。

中国制度好不好、优越不优越，早已是无须争辩的议题，因为历史已经做了最好的回答。但是，中国制度好在哪里，优越在哪里，如何才能把中国制度的显著优势恰如其分地讲出来，而且讲得有理有据、深入人心，不得不说还需要下一番功夫。尤其是对中华优秀传统文化的解读和阐释，更是要别具慧眼。习近平总书记早就指出，中华优秀传统文化是中华民族的精神命脉，对于中国特色社会主义建设具有重大意义，是治国理政的重要思想资源，能够为治国理政提供经验借鉴和智慧启示。中华民族之所以是中华民族，就是因为中华优秀传统文化赋予的精神气质。对于中国制度而言，道理也是如此。读懂中国制度，最根本的也就必然是读懂涵养了中国制度之精神气质的中华优秀传统文化的根本精神。

中华优秀传统文化是一种关于"道"的整全认识，天地之间的万事万物都要遵循"道"，以"道"为最高的原则和规范而不能违逆，只要是背道而驰的，都必然会遭到相应的惩罚，就像《中庸》中所说："道也者，不可须史离也，可离非道也。"这就决定了中国古人无论是在处理与家国社会之间的关系，还是在处理与天地自然之间的关系时，都崇尚效法于"道"，按照"道"的要求通达宇宙人生的真理，成就利国利民的事业。正是在这个意义上，中国古人形成了关于"治国之道"的庞大而又严谨的思想体系，其中既涉及为君之道、为臣之道等关乎人的一面，也有为政之道等关乎制度的一面。

具体而言，治国之道关乎人的一面表现在诸如以民为本、民贵君轻、亲仁善邻等，为政之道的一面则表现在诸如德主刑辅、选贤与能、以和为贵等。一言以蔽之，就是要以道治国。中国特色社会主义制度的精神与此一脉相承，全面地体现了古人治国之道的精髓。习近平总书记指出："始终代表最广大人民根本利益，保证人民当家做主，体现人民共同意志，维护人民合法权益，是我国国家制度和国家治理体系的本质属性，也是我国国家制度和国家治理体系有效运行、充满活力的根本所在。"这既是对中华优秀传统文化的最好继承和发展，也是中国制度所蕴藏的精神气质的最佳体现。

古人讲，仁者见之谓之仁，知者见之谓之知。读懂中国制度及其精神气质可以而且应该有不同角度的阐释，对此问题的追问当然不能局限在得到一个答案。坚持、完善和发展中国特色社会主义制度是一个动态的过程，因而也就必须以一种与时偕行的眼光来看待。希望"读懂中国制度"丛书的出版，为人们提供一个独特的视角去整体地审视中国制度的宏大问题。这不仅值得去深思，也值得进一步推进。

刘余莉
2021 年 6 月

目录

导　语

　　治国理政中的首要之事是用人。官吏贤德与否不仅关系到国家的治乱兴衰、君主的正邪劳逸，还关系到民风的善恶厚薄。正是因为对"任贤必治，任不肖必乱"的历史规律有着深刻的认识，中国共产党历来高度重视选人用人问题，始终将选贤任能作为做好党和人民事业的关键。

　　在现代汉语中，"贤能"一词通常连用。而在古代，贤是贤，能是能。根据古代大儒的注解，有德谓之贤，有技谓之能。可见，贤、能之分，即德、才之别。司马光曾在《资治通鉴》中论德与才的关系："才者，德之资也；德者，才之帅也"，并根据德才将人分为四类，"才德全尽谓之圣人，才德兼亡谓之愚人，德胜才谓之君子，才胜德谓之小人。"这四类人中，最当引起注意的是才能胜过德行的"小人"，因为博学多才固然重要，但若没有德行作为承载，就有可能知识越多、能力越强，危害反而越大。因此，司马光提出，在用人时，如果得不到圣人、君子，那么宁要愚人，也不要小人。这是因为，君子用才能来行善，小人用才能来作恶。用才能行善，则善无不至；

用才能作恶，恶也会席卷而来。自古以来，国家的乱臣，家族的败子，无不是才有余而德不足，最终导致国家衰亡，家族覆灭。因此，古人在选举人才时主张德才兼备，而且一向是以德行为先。时至今日，中国在选用干部时，仍然坚持这样的原则。

既然要以德为先，那么，当以何德为先呢？《孝经》中说："夫孝，德之本也。"孝德是一切德行的根本。践行孝道能培养人的感恩心、恭敬心、仁爱心和责任心，正所谓孝心一开，百善皆开。将这种善推己及人，"事诸父，如事父。事诸兄，如事兄。""老吾老，以及人之老；幼吾幼，以及人之幼。"从处理好个人和家庭的伦理关系，扩展到社会和国家，便是"移孝作忠"。小孝是孝养自己的父母，大孝是孝养天下的父母，天下父母就是人民。因此，《后汉书》中有这样的说法："求忠臣必于孝子之门。"对父母没有敬爱之心，却对他人爱敬，是悖德悖礼的行为。孝是道德大厦的基石，没有基石，所谓的才德只不过是空中楼阁。因此，中国自古便有"举孝廉"的选人机制。《礼记·祭义》指出，工作不尽责是不孝，为官不恭谨是不孝，作战不英勇是不孝。因此，一位孝子自然会忠义诚信，勇于担当，全心全意为人民服务。除孝敬、廉洁之外，品德高尚、正直，能犯颜直谏等，都是古代选贤的标准。

进入现代社会后，在不同历史时期，中国对官员德才的具体要求有所不同，这些不同都是为了适应当时不同的时代背景。但从大的德行方面讲，是与中国传统的道德标准一脉相承的，并且都建立在孝廉的基础之上。

订立标准后就要选拔人才，也就是要选贤与能。"选贤与能"这一成语出自《礼记·礼运》，"大道之行也，天下为公，选贤与能，讲信修睦"。与，通"举"，"选贤与能"也作"选贤举能"。在选人之前要观人。古圣先王治理国家，不在于设立多少官职，而在于选对人。

中国自上古就已经开始了选贤的实践。选贤举能始终在历史进程中延续，并逐渐制度化，出现了多种人才选拔制度，其中的察举制和科举制，是中国古代社会的两大选人制度。特别是实行了1300百多年的科举制，为历朝历代选出了大批优秀的人才，对中国历史进程产生了难以估量的影响。在多种举荐贤才的制度或形式中，最具"中国特色"的是让贤。"让"似乎与崇尚竞争的现代社会格格不入，但其实查析历史便不难发现，贤士相互礼让与国家兴盛息息相关。

选人之后要用人。"任人唯贤"这一成语源于中国最古老的历史文献典籍《尚书》，"任官惟贤才，左右惟其人。"国家官员必须是贤德之人，君主左右也须为忠臣良将。但是如果有了贤臣，却不能使其发挥作用，等同于没有贤臣。领导者如不能谦恭待人，或者怀疑贤士，就会导致人才的流失；如果不辨贤愚，不能黜退奸佞，就会使贤臣蒙受构陷。可见，能否使贤才真正发挥作用，领导者自身的德行修养是关键。《中庸》中说："取人以身，修身以道。"领导者修身有成，以身观身，才能知人善任，所谓知己方能知彼。知人者智，自知者明，领导者知己知彼是为明智。可见选贤与能、任人唯贤，都要以修身为根本。如果领导者胸怀天下，心系苍生，又能尊重贤者，任用能臣，那么，天下的贤士自会欢欣鼓舞，争相前来。这便是"同声相应，同气相求"的吸引力法则。

"任人唯贤，选贤与能"是中国古代吏治的精髓。中国在历史上一直是贤能治国，从未中断贤能政治的探索和实践，积累了世界上最为丰富的治国理政的智慧和经验。贤能政治的影响也一直持续到今天。中国现在实行的集体领导制，官员的选拔、晋升、考核、问责等机制，以及人民政治协商会议制度，中国共产党纪检监察制度等，无不从古代贤能政治中汲取了智慧。中国共产党人作为中国优秀传统文化的忠实继承者和弘扬者，不断从传统文化中汲取精华，通过创造性转化和创新性发展，将古人治国的智慧和经验融入自己的治国理政之中，形成了鲜明的中国特色。

第一章
任贤的重要性

　　任贤是治理国家的首要之事。能否任贤不仅影响君主的正邪劳逸，还会影响民风的善恶厚薄，更是直接影响着国家的治乱兴衰和安危成败。正是因为对"任贤必治，任不肖必乱"的历史规律有着深刻的认识，中国共产党历来高度重视选人用人问题，始终将选贤任能作为做好党和人民事业的关键。

关乎国家安危：
贤人以为宝，邻国不谋伐

历史记载

秦欲伐楚，使使者往观楚之宝器。楚王闻之，召令尹①子西而问焉，曰："秦欲观楚之宝器，吾和氏之璧、随侯之珠，可以示诸？"令尹子西对曰："臣不知也。"召昭奚恤而问焉，昭奚恤对曰："此欲观吾国得失而图之，不在宝器，在贤臣。珠玉玩好之物，非宝重者。"王遂使昭奚恤应之。

昭奚恤发精兵三百人，陈于西门之内，为东面之坛一，为南面之坛四，为西面之坛一。秦使者至，昭奚恤曰："君，客也，请就上位东面。"令尹子西南面，太宗②子敖次之，叶公③子高次之，司马④子反次之。昭奚恤自居西面之坛，称曰："客欲观楚国之宝器，楚国之所宝

---

①令尹：楚国官名，相当于宰相。
②太宗：即太宰，楚国官名。
③叶公：叶县长官，僭越称公。叶，音shè。
④司马：掌管军事的官名。

者，贤臣也。理百姓，实仓廪，使民各得其所，令尹子西在此；奉珪璧，使诸侯，解忿悁①之难，交两国之欢，使无兵革之忧，太宗子敖在此；守封疆，谨境界，不侵邻国，邻国亦不见侵，叶公子高在此；理师旅，整兵戎，以当强敌，提枹②鼓以动百万之众，所使皆趋汤火，蹈白刃，出万死不顾一生之难，司马子反在此；怀霸、王之余议，摄③治乱之遗风，昭奚恤在此。唯大国之所观。"秦使者懼然无以对，昭奚恤遂揖而去。

秦使者反，言于秦君曰："楚多贤臣，未可谋也。"遂不伐楚。

——《新序》

本则故事节取自《新序》，说明贤能之人对国家安定的重要性。故事发生在战国时期（前475年—前221年），当时诸侯国间纷争不断，贤臣成为国家的安定因素之一。

秦国想要攻打楚国，于是派遣使者前去观看楚国的宝器。楚宣王（前369年—前340年在位）听到这个消息后，

①悁：音yuān，愤恨。
②枹：音fú，击鼓的柄。
③摄：取。

《新序》

《新序》是西汉经学家、史学家刘向编撰的一部以讽谏为政治目的的历史故事类编。原本30卷，今存10卷。

和氏璧

春秋时期，楚国有一位琢玉能手叫卞和，他在山中得到一块玉璞，呈给楚厉王、楚武王，均不被认可。后来楚文王即位，命人剖开这块玉璞，果见真是稀世之玉，便将其命名为和氏璧。

随侯珠

随侯珠是中国春秋时期随国的珍宝，也称为"随珠"，与"和氏璧"并称为"春秋二宝""随珠和璧"或"随和"。

召见楚国的大臣昭奚恤，问道："秦国要看我们国家的宝器，我们的和氏璧和随侯珠，可以拿给他们看吗？"昭奚恤回答说："秦国是想借此观察我国政治的得失，进而有所图谋。一个国家的宝器应当是贤能的臣子。珠宝玉器这些供人玩赏之物，实在算不上国家珍贵的宝器。"于是，楚宣王就派昭奚恤来应对这件事。

昭奚恤派精兵300人在西门内布阵，在东面筑了一座

高台，在南面筑了四座高台，在西面筑了一座高台。秦国
使者到来后，昭奚恤对使者说："先生，您是客人，请您
在东面的上位。"宰相子西在南面高台上，旁边依次是太

宰子敖、叶县长官子高和执掌军事的臣子子反。昭奚恤在西面的高台上，对秦国的使者说："您想观看楚国的宝器，而楚国所珍重的宝物是贤能的臣子。治理百姓，充实国家粮库，使人民各得其所，有子西在这里。出使诸侯各国，化解彼此的愤恨和怨仇，结交两国的友谊，使国家没有战争的忧虑，有子敖在这里。保卫封地疆土，严守疆域边界，不去侵犯邻国，邻国也不敢来犯，有子高在这里。治理军队，整修军备，抵御强敌的侵扰，手提战鼓槌，激励百万军队，所用之人都能赴汤蹈火、万死不辞，有子反在这里。缅怀先王开创霸业时所留下的治国典范，汲取前代治世与乱世的经验教训，有我昭奚恤在这里。就请您随意看吧！"秦国的使者震惊得答不出话来。昭奚恤便行礼而去。

秦国使者回国后对秦王说："楚国有很多贤明的臣子，现在还不能对楚国有所图谋。"因此秦国就没有攻打楚国。这个故事就是尊重贤者给国家带来安定的例子。

《新序》上还记载了另一个类似的故事，就是魏国的国君魏文侯（前472年—前396年）重视贤才、使国家免于战争的故事。战国时期，魏国的国君魏文侯非常敬重段干木（孔子再传弟子），每次经过段干木居住的里巷大门时，都会起身抚在车厢前的横木上以表敬意。仆人问魏文侯是什么原因。魏文侯说："这不是段干木居住的巷子吗？段干木是一个贤德的人，我怎敢不对他礼敬呢？段干木是因为有德行而有名望，我不过是因为拥有广阔的土地而风光。段干木富有的是道义，我富有的不过是财富。土地不如德行，财富不如道义，所以我应该敬重这个人。"后来，魏文侯任用段干木并给了他很高的薪禄，时常向他请教治国之方。魏国人知道后，都非常欢喜。没过多久，秦国想要攻打魏国。秦国的司马唐且知道后就劝谏秦国的君主说："段干木是个贤德之士，魏文侯对他敬重礼遇，天下无人不知。魏国人都称赞魏文侯仁德，魏国上下和谐同心，这时候，魏国是不可以图谋的。"秦君认为他说的有道理，便打消了攻打魏国的念头。

从上面两个故事可以看出，如果一个国家重用贤德之人，就能使敌国不敢轻易对其用兵。珠宝虽然是世间名贵的器物，但它并不能使混乱的国家获得稳定，不能使危亡的国家得以安存。衰怠的国家如果没有贤士来力挽狂澜，兴起道德教育，那就离灭亡不远了。国君不重用贤士就是国家走向衰落的征兆，因此，历史上贤明的君主都是以贤臣为宝，尊贤任贤。

正是基于对中国历史上贤才的作用有着深刻的认识，中国共产党历来高度重视选人用人问题，并始终将选贤任能作为做好党和人民事业的关键。在我国第一代领导集体中，周恩来总理就是尊重人才的杰出典范。新中国成立之初，周恩来总理全面主持国家建设工作，他深切感到，要把国家建设成为繁荣富强的社会主义强国，最重要的就是要有高素质的人才。总理同时也认识到了当时中国人才缺乏的严重性和紧迫性。因此，周总理将人才问题上升到国家战略的高度，从全局出发统筹规划，在政治上对人才充分信任，视杰出人才为"国宝"；在工作上创造良好环境，尊重支持人才；在生活上为人才提供保障。此外，还通过大力发展科学和教育来造就人才，全面培养人才。周总理对人才的价值、标准、培养、选用等一系列重大问题做了精辟而系统的阐述，形成了内涵丰富、时代特征和民族特色鲜明的人才思想。

周总理的人才观以及对人才的探索和实践，不仅对中国的各项人才制度产生了深远影响，还为中国提出"科教兴国""人才强国"战略和全面建设小康社会提供了理论基础。在当前新的历史发展时期，面对新的历史特点，人才更是实现伟大梦想的关键。因此，党的十九大报告明确指出，要"以识才的慧眼、爱才的诚意、用才的胆识、容才的雅量、聚才的良方，把党内和党外、国内和国外各方面优秀人才集聚到党和人民的伟大奋斗中来。"

关乎君主成败：
不计射钩仇，任贤成霸业

▌历史记载

桓公自莒反①于齐，使鲍叔牙为宰，辞曰："君有加②惠于其臣，使臣不冻馁③，则是君之赐也；若必治国家，则非臣之所能也。其唯管夷吾乎？臣之所不如管夷吾者五：宽惠爱民，臣不如也；治国不失柄，臣不如也；忠信可结于诸侯，臣不如也；制礼义可法于四方，臣不如也；介胄④执枹，立于军门，使百姓皆加勇，臣不如也。夫管子，民之父母也。将欲治其子，不可以弃其父母。"

公曰："管夷吾亲射寡人，中钩殆于死，今乃用之，可乎？"

鲍叔曰："彼为其君也。君若宥⑤而反之，其为君亦犹是也。"

---

①反，通"返"。下文"宥而反之"同。
②加：通"嘉"。
③冻馁：不暖不饱。馁，音něi。
④介胄：身披盔甲。
⑤宥：音yòu，宽宥。

公使人请之。鲁囚管仲以与齐，桓公亲迎之郊，遂与归，礼之于庙，而问为政焉。

————《群书治要·管子·小匡》

这段文字出自《管子·小匡》，文本为《群书治要》的节选本，讲的是齐桓公不计前嫌任用贤才、终成霸业的故事。

春秋时期齐国的国君齐襄公即位之后，政令无常，不仅与鲁国国君鲁桓公的夫人私通，还醉杀了鲁桓公。齐

《管子》

《管子》是一部托名于管仲的论文集，是先秦时期各学派的言论汇编，内容涉及政治、法律、经济、军事、哲学、伦理、历史及自然等方面。《小匡》是其中的篇名。

《群书治要》

《群书治要》是我国古代治政书籍的典籍。它是由唐初著名谏官魏徵及虞世南、褚遂良等人受命于唐太宗李世民，辑录前人著述，选取其中治国理政的精华，汇编而成的资政巨著。

襄公两个同父异母的弟弟，公子纠和公子小白（也就是后
来的齐桓公）担心会有灾祸降临，便出国避难。齐国的臣
子管仲辅佐公子纠投奔鲁国，因为公子纠的母亲是鲁国的
公主。齐国的另一位臣子鲍叔牙则辅佐公子小白投奔莒国
（莒音ʲʉ）。后来，齐襄公被杀死，齐国要新立国君，于
是齐国的两位上卿想暗中从莒国接公子小白回国。鲁国听
说齐国要新立国君，也派兵护送公子纠回国，并命令管仲
另带军队前往莒国和齐国之间的通道，阻拦公子小白回
国。管仲一箭射中了公子小白的衣带钩，小白躺在地上装
死骗过了管仲。管仲派人飞报鲁国，因此鲁国护送公子纠
的军队就放松了警惕，放慢了行进速度，六天后才回到齐
国。而这时公子小白早已先回到齐国，被立为国君，即齐
桓公。

齐桓公从莒国返回齐国即位，任命鲍叔牙为宰相。
鲍叔牙推辞说："君主对臣施予恩惠，让臣免于饥寒，这
是君主的恩赐。如果一定要让臣治理国家，就不是臣所能
做到的了，大概只有管仲可以。臣不如管仲的地方有五
个：宽厚慈惠，仁爱百姓，臣不如他；治理国家能够不失
纲纪，臣不如他；忠信可以结交于诸侯，臣不如他；制定
礼义可使四方效法，臣不如他；披甲戴盔，手执鼓槌，立

于军门，使百姓都能勇气倍增，臣不如他。管仲好比是人民的父母。您想要管理好子女，就不可以不重用他们的父母。"桓公说："可是管仲曾经用箭射中了我的衣带钩，险些使我丧命，现在我却任用他，这合适吗？"鲍叔牙说："他是为了他的君主才那样做的。您如果赦免他的罪过，并使他返回齐国，他也会为您这样做的。"于是齐桓公决定请管仲回国。鲍叔牙费尽周折，终于接回管仲。抵达之日，桓公亲自到郊外迎接，与管仲一同回国，在庙堂上以礼相见，并向管仲请教为政之道。后来，齐桓公尊管仲为"仲父"，管仲相齐40余年，使齐国国富兵强。在管仲的辅佐之下，齐桓公九合诸侯，一匡天下，成为春秋五霸之首。管仲也被誉为"春秋第一相"。

齐桓公的成功和荣耀离不开贤臣管仲的辅佐。管仲能

春秋五霸

春秋五霸是指春秋时期五个最具代表性的诸侯之长。历史上说法不同，一说为齐桓公、晋文公、宋襄公、楚庄王、秦穆公，一说为齐桓公、晋文公、楚庄王、吴王阖闾、越王勾践。

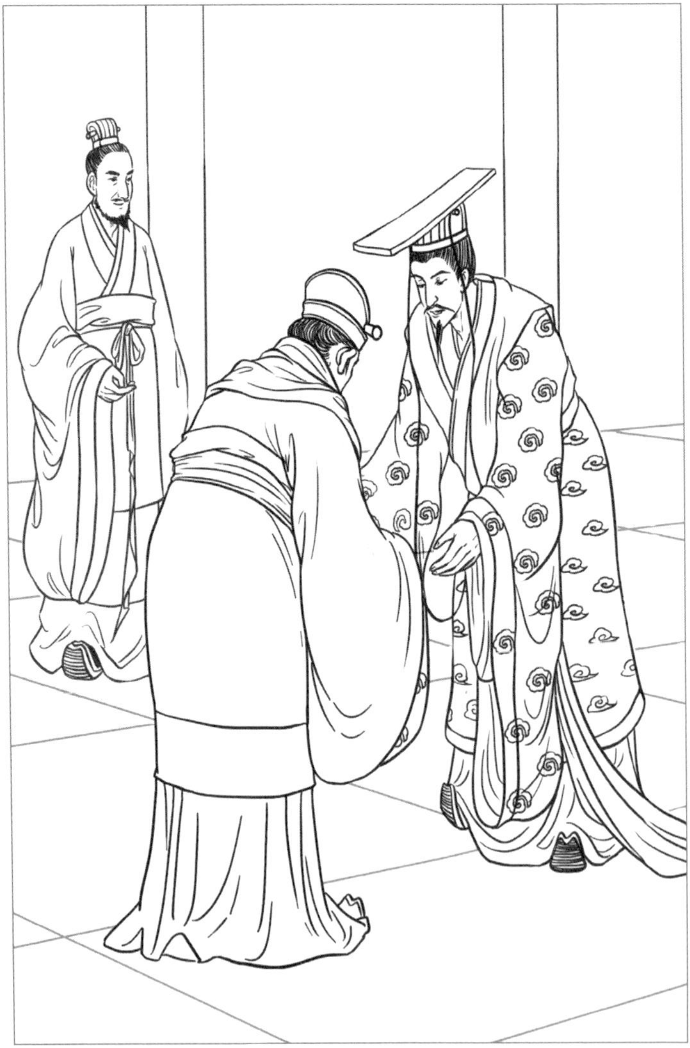

够执政齐国，有两个关键因素，一是鲍叔牙举荐了管仲，二是齐桓公任用了管仲。这个故事最令人惊叹之处即是鲍叔牙识人的智慧和荐贤的气度，以及齐桓公容人的雅量和任贤的决心。齐桓公确实胸怀宽广，可以不计前嫌，信任鲍叔牙，任用管仲，大小国事都交给管仲。而鲍叔牙也不是简单的人物，这里要特别介绍一下。《史记》记载，管仲年轻时经常和鲍叔牙交往，鲍叔牙知道他贤明、有才干。管仲曾说，"当初我和鲍叔牙一起经商，分利时自己总要多拿一些，鲍叔牙并不认为我贪财，他知道我家里贫困；我曾经替鲍叔牙谋划事情，结果不太如人意，鲍叔牙没有认为我愚笨，他知道时运有时顺利有时不顺利；我曾经多次做官又多次被国君驱逐，鲍叔牙没有认为我无能，他知道我没有遇上好的时机；我曾多次打仗却又多次逃跑，鲍叔牙并不认为我怯懦，他知道我家中还有老母亲要赡养；公子纠争夺王位失败后，我的同僚召忽为公子纠的死而自杀殉难，我却被关在深牢之中忍辱苟活，鲍叔牙并不认为我不知廉耻，他知道我不会因为小的过失而羞愧，却会因为不能将功名显扬于天下而遗憾。所以生养我的是我的父母，而真正了解我的，是鲍叔牙啊！"通过管仲的描述，我们不禁深深地叹服鲍叔牙识人的智慧。管仲和鲍

叔牙之间的相交，后来成了一个成语——管鲍之交，用来
比喻朋友之间相知之深，交谊之厚。

　　鲍叔牙举荐管仲之后，甘心位居管仲之下。管仲的子
孙世代享受齐国的俸禄，有封地的就有十几世，多为著名
的大夫。因此，天下人在称赞管仲贤能的同时，更赞美鲍
叔牙善于识别人才，就连孔子都对鲍叔牙赞叹有加。《说
苑》记载，孔子的弟子子贡问孔子，当今的臣子之中谁是
贤者？孔子回答，齐国的鲍叔牙和郑国的子皮，可以称得
上贤臣。子贡则问，为何不是齐国的管仲和郑国的子产
呢？孔子回答说，我听说鲍叔牙举荐了管仲，子皮举荐了
子产，但是没有听说管仲和子产举荐了比他们更加贤德的
人。可见，孔子认为，能够荐贤之人，特别是能够举荐比
自己贤德的人，更称得上是贤臣。

　　其实，管仲也为齐桓公举荐了很多贤才，同样称得
上知人善任。据《管子·小匡》记载，管仲担任齐国宰
相3个月后，向齐桓公请求评议百官。齐桓公应允。管仲
说："升降台阶、宾主揖让，进退举止，娴熟从容，我不
如隰（xī）朋，请立他为大司行，掌管国家外交机构；开
垦土地、积聚粮食、尽地之利，我不如宁戚，请立他为大
司田，掌管国家生产机构；在平原旷野，使战车奔驰、将

士勇猛，击鼓劝将，使三军将士视死如归，我不如王子城父，请立他为大司马，掌管国家军事机构；决断狱讼，判刑适中，不会错杀无辜，不会诬陷无罪，我不如宾胥无，请立他为大司理，掌管国家司法机构；敢于冒犯君主的威严，忠诚进谏，不避死亡，不屈从于富贵，我不如东郭牙，请立他为大谏之官，掌管国家监督机构；这5个人各有所长，我一个也比不上。如果您想治国强兵，用这5个人就够了；如果想成就霸王之业，有我管仲在此。"桓公回答："好！"

齐桓公在一班贤臣的辅佐之下成就了霸业。这里有人可能会有疑问，桓公能够成就霸业，到底是桓公的功劳还是他的臣子的功劳呢？《新序》中有一个有趣的故事，形象地说明了在桓公成就霸业时，君主和臣子各自所起的作用。晋国的国君晋平公（前557—前532年在位）问臣子叔向，从前齐桓公九次会盟诸侯，匡正天下，不知这是国君的功劳，还是臣子的功劳？叔向回答晋平公时用裁制衣服为比喻。叔向说，管仲擅长剪裁，隰朋擅长修齐，宾胥无擅长镶边，而齐桓公只是穿衣服，因此是他臣子的功劳。这时候，晋国的乐师师旷，也是一位贤大夫，在一旁陪坐，他用烹饪的比喻来回答晋平公。师旷说，管仲善于

晏子

　　晏子（前578年—前500年），名婴，春秋时期齐国名臣，历仕齐灵公、齐庄公、齐景公三世。

　　掌刀，隰朋善于烹饪，宾胥无善于调味，羹汤做熟端来进奉给齐桓公，但是齐桓公不吃，谁又能强迫他吃呢？所以说，这里面也有齐桓公的功劳！在师旷看来，齐桓公的功劳就是任贤。

　　齐桓公之所以能称霸天下，是因为他能够信任并任用贤才。相反，如果君主的左右都是谄媚之人、倡优歌伎呢？《晏子春秋》记载，齐景公，即齐桓公后第8位齐国的君主，曾问他的臣子晏子："以前，我的先君齐桓公率领兵车300辆，多次会盟诸侯，一匡天下。如今，我率领的兵车有1000辆，可以赶上先君齐桓公的业绩，在他之后一匡天下吗？"晏子答道："桓公有兵车300乘，九合诸侯，一匡天下，是因为桓公左有鲍叔牙、右有管仲的辅佐。而今呢，君主您左右是歌舞乐伎，前后是阿谀谄媚之人，又怎么可以追随先君桓公的步伐而一统天下呢？"晏子的劝谏是想告诉景公，能否称霸天下，在于是否有贤臣的辅佐。前后左右都是倡优或者奸佞之臣，兵车再多也没有用。因此，景公不应和桓公攀比兵力的多寡，而是应效法桓公那种任人唯贤的智慧和不计前嫌的雅量。

关乎君主荣辱：
不听贤臣劝，亲佞无善终

历史记载

　　管仲有病，桓公往问之曰："仲父之病病①矣！若不可讳②，将何以诏③寡人？"管仲对曰："臣愿君之远易牙、竖刁、堂巫、公子开方。夫易牙以调味事公，公曰：'唯蒸婴儿之未尝也。'于是蒸其首子④而献之公。人情非不爱其子也，于子之不爱，将何有于公？公喜宫⑤而妒，竖刁自刑⑥而为公治内。人情非不爱其身也，于身之不爱，将何有于公？公子开方事公十五年，不归视其亲。于亲之不爱，焉能有于公？"桓公曰："善。"

　　管仲死，已葬，公召四子者废之。逐堂巫而苛病起，逐易牙而味不至，逐竖刁而宫中乱，逐公子开方而朝不

---

①病：病情加重。
②不可讳：死的委婉之辞。讳，避开。
③诏：告。
④首子：长子。
⑤喜宫：好色。
⑥自刑：自宫。

治。桓公曰："嗟！圣人固有悖①乎？"乃复四子者。处期年②，四人作难，围公一室，十日不通。公曰："嗟！死者无知则已，若有知，吾何面目以见仲父于地下？"乃援素幭③以裹首而绝。死十一日，虫出于户，葬以杨门之扇④，以不终用贤也。

——《群书治要·管子·小称》

　　上则故事讲述了齐桓公任用管仲，得以九合诸侯，一匡天下，成就霸业。然而到了晚年，齐桓公却未能始终遵从贤臣的教诲。本则节选讲的就是齐桓公因为不遵从管仲的遗嘱，亲近佞臣，最后落得身死名辱的境地。

　　管仲病了，齐桓公前去探望，问道："仲父您的病日渐加重了，如果万一发生不幸，您有什么话要对我讲吗？"管仲回答说："臣希望您疏远易牙、竖刁、堂巫、公子开方。"管仲说到的这四个人都是奸佞谄媚之臣，但

---

①悖：荒谬。
②期年：一年。期，音jī。
③援素幭：援，持。素幭，白色布帕。幭，音miè。
④葬以杨门之扇：用门扇掩盖尸体。杨门，门名。

易牙

易牙，春秋时期一位有名的厨师，擅长调味，很得齐桓公的欢心，是齐桓公宠幸的近臣。

竖刁

竖刁，春秋时期齐国奸臣，善于揣摩人的心理，极尽阿谀逢迎之能事，深得齐桓公的宠爱。

堂巫

堂巫，伪称能沟通鬼神、审人生死、占卜吉凶祸福的人。

公子开方

公子开方，春秋时卫懿公的庶长子，在齐国做官，为齐桓公宠臣。

是他们很受齐桓公的宠爱。管仲说，"易牙以烹饪来侍奉您，您说'唯独有蒸婴儿的味道不曾尝过'，于是易牙就蒸了他的长子献给您品尝。就人之常情而言，人没有不爱自己孩子的，而易牙对自己的儿子都不爱，怎么会爱您呢？您喜爱女色而又容易嫉妒，竖刁就自施宫刑来替您管理内宫。就人之常情而言，人没有不爱惜自己身体的，竖刁对自己的身体都不爱，怎么会爱您呢？公子开方是卫国的公子，但是他侍奉您十五年都未曾回家探望父母，他连父母都不爱，怎么会爱您呢？"

从管仲的分析可以看到，易牙"杀子奉君王"，为了讨君主欢心不惜杀掉自己的孩子，那么这个人一定是绝情残忍之人；竖刁"自残以求荣"，为了得到恩宠不惜残害自己的身体，那么这个人一定是见利忘义之人；卫国的公子开方"绝亲以干禄"，为了求得一个禄位不惜和父母决裂，甚至父母过世都没有回去看上一眼，如果连人生在世最大的父母之恩都不能够报答，又怎么能够报答君主的恩情呢？所以这个人一定是忘恩负义之人。

听了管仲的分析，桓公说："好。"

管仲辅佐齐桓公成就霸业，他的临终遗嘱，一定是肺腑之言、金玉之言。但是，桓公终究没能抵挡住欲望的诱惑，口头的应允变成了空文。

管仲去世之后，齐桓公按照管仲的遗嘱，罢免了这四人的官职。但是驱逐了堂巫后，桓公就生起病来；驱逐了易牙后，桓公发现许多美味就尝不到了；驱逐了竖刁后，内宫的秩序开始变得混乱；驱逐了公子开方后，朝政就得不到治理了。桓公说："啊！圣人原来也会弄错啊！"于是又恢复了这四个人的官职。

　　其实管仲并没有错，而是齐桓公找错了原因。首先，任用奸佞之臣虽然可以使朝政表面上管理得井井有条，但是却隐藏着潜在的危机。其次，健康包括外在的身体健康、内在的精神健康，健康一方面靠修身养性，另一方面要靠涵养自己的德行，怎能将自己的健康托付于奸臣呢？第三，食、色，如若不加节制，是将人拖入深渊的锁链。古圣先贤常讲要克制自己的欲望，然而齐桓公却反道而行，不但不节制，甚至还放纵欲望，任用能满足自己欲望的人。就这样，任用奸臣除了继续透支自身和朝政，以维持虚有的繁荣和秩序外，等待他的将是枯槁和死灰一般的结局。

　　过了一年，易牙、竖刁、堂巫、公子开方这四个人作乱。他们把齐桓公囚禁在一间房子里，10天都不能与外界沟通。桓公感叹说："唉！死后没有知觉也就罢了。如果有知，我有什么面目到地下去见仲父呢？"于是拿白色布巾，包头而死。死后11天，尸虫爬出户外，人们才知道桓公死了。于是用杨门的门板掩盖尸体，草草下葬。桓公如此的结局，都是因为他不能始终如一地任用贤人、听从贤人的告诫啊！

　　齐桓公因为没能黜退身边的佞臣而落得身死不葬的下场。桓公一人，荣在任贤，辱在任奸，其荣也昙花一现，其辱也贻笑万年。桓公自身修身有失，不能看清身边的人，而导致了最终的结局。因此，领导者须自己修身有功，才能以身观身，知人善任。将本则故事和上则故事进行对比，可以鲜明地看出能否任用贤臣对君主的成败荣辱至关重要。

关乎官吏劳逸：
子贱治单父，任贤而民治

历史记载

宓子贱治单父，弹鸣琴，身不下堂而单父治。巫马期亦治单父，以星出，以星入，日夜不处^①，以身亲之，而单父亦治。巫马期问其故于宓子贱，宓子贱曰："我之谓任人，子之谓任力；任力者固劳，任人者固佚。"

人曰："宓子贱则君子矣！佚四肢，全耳目，平心气，而百官治，任其数^②而已矣。巫马期则不然，弊性事情^③，劳烦教诏^④，虽治，犹未至也。"

孔子谓宓子贱曰："子治单父而众说，语丘所以为之者。"

曰："不齐，父其父子其子，恤诸孤^⑤而哀丧纪。"

---

①处：安居。
②数：自然规律。
③弊性事情：劳损性情。事，音zì，刺入，引申为伤害。
④教诏：教化宣谕。
⑤孤：少而无父。

　　孔子曰："善，小节也，小民附矣，犹未足也。"

　　曰："不齐也，所父事者三人，所兄事者五人，所友者十一人。"

　　孔子曰："父事三人，可以教孝矣；兄事五人，可以教弟矣；友十一人，可以教学矣。中节也，中民附矣，犹未足也。"

　　曰："此地民有贤于不齐者五人，不齐事之，皆教不齐所以治之术。"

　　孔子曰："欲其大者，乃于此在矣。昔者尧、舜清微其身①，以听观天下，务来贤人。夫举贤者，百福之宗也，而神明之主也。惜乎！不齐之所治者小也！不齐所治者大，其与尧、舜继矣。"

——《说苑·政理》

　　本篇以孔子的弟子宓子贱为核心人物，通过其治理单父的故事，说明任用贤臣关系到君主劳逸的道理。故事节选自《说苑·政理》。

　　孔子的弟子宓子贱治理单父，弹奏琴曲，身不出公

---

①清微其身：使自己清明卑下，即礼贤下士。

> ### 《说苑》
>
> 《说苑》是西汉经学家、史学家刘向辑录的一部先秦至汉代的历史故事类编，提供政治兴亡的历史镜鉴。
>
> ### 单父
>
> 单父，音 shàn fǔ。春秋时鲁国邑名，故址在今山东省菏泽市单县南。

堂，单父便实现了大治。孔子的另一个弟子巫马期，也曾治理单父，披星戴月，日夜不能安居，凡事都亲自处理，才使单父得到了治理。巫马期向子贱请教其中的原因，子贱说："我的做法是用人，您的做法是用力。用力的人，肯定会劳苦奔波；而任用贤人，就会很安逸。"

宓子贱可以算是位君子了。他自身安逸，不劳耳目，平心静气，而各级官吏都能把事情办好。巫马期则不是这样，他劳损性情、不辞辛劳地亲自教化百姓，虽然也使单父得到了治理，但还没有达到最高的境界。

孔子对子贱说："你治理单父，民众都很满意，告诉我，你是靠什么做到的。"

子贱回答说："我将百姓的父母视作自己的父母，将百姓的儿女视作自己的儿女，体恤孤儿，民众有了丧事，我也会很哀痛。"

孔子说："好，但这都是细小的善行，只能使普通的百姓归附，这还不够。"

子贱继续说："我像对待父亲一般孝养的人有3位，像对待兄长一般恭敬的人有5位，结交的朋友有11人。"

孔子说："当作父亲一般孝养的有3人，就可以教导民众孝敬父母了；当作兄长一般侍奉的有5人，就可以教导民众敬爱兄长了；结交朋11人，就可以教导百姓，让百姓来效仿了。但这也才算是中等的善行，中等层次的人会来归附，这仍然不够。"

子贱最后说："百姓之中比我贤明的人有5位，我向他们学习，他们都教给我治理的方法。"

孔子说："要想成就大事的关键就在这里了。从前尧、舜清明善察，卑己而尊人，谦恭地对待臣下，力求招徕贤人的辅佐，治理国家。所以，举荐贤德，才是百福的根本，英明的关键之处。可惜啊！不齐所治理的地方太小了，如果治理的地方大一些，不齐的功绩就能与尧、舜相继了。"

从上面宓子贱与巫马期为政对比，以及孔子与子贱

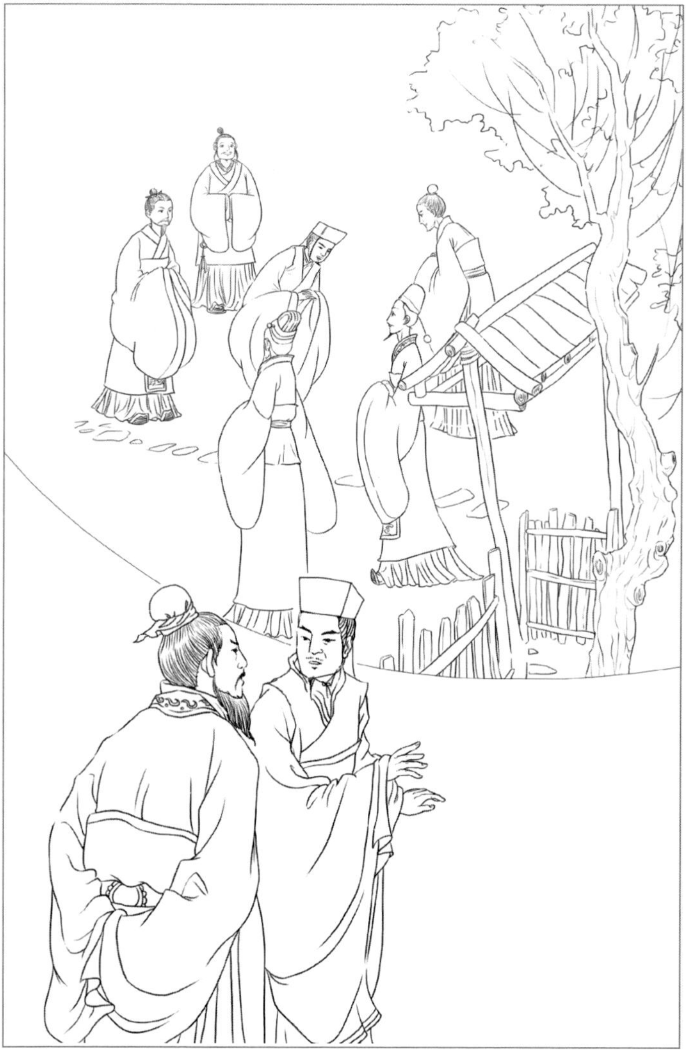

不齐

不齐，指子贱。"不齐"是子贱的名。古时，能够一生称一个人名的，只有这个人的父母和老师，其他人（即使是一国之君）都只能称其字，以表示尊敬。

《淮南子》

《淮南子》，西汉淮南王刘安及其门客撰写的一部论文集。该书在继承先秦道家思想的基础上，综合了诸子百家学说中的精华部分，对后世研究秦汉时期文化起到了不可替代的作用。

的对话可以看出，任贤不仅是使领导者从容治理社会的关键，也是使百姓真正归附的关键。

那么，子贱治下的单父到底好到什么程度呢？《淮南子》记载，子贱治理单父的第三年，巫马期前往单父，暗中察访子贱教化百姓的成效。巫马期见到有人在夜间捕鱼，捕得之后，又将鱼放了，便询问渔夫这样做的原因。

渔夫回答说："我们的长官子贱不愿让人捕捞正在成长的小鱼。我刚捕到的是些小鱼，因而就把它们放了。"巫马期感叹道，"宓子贱实行德政的效果，简直是好到了极致！他能使人在暗夜做事时也保持警醒，就像严刑峻法就在身边一样。"子贱治理的百姓，哪怕是在没有人监督的情况下，也不忍心欺骗他们的长官子贱，不忘子贱给他们的教诲。或者说，这些百姓耻于作恶，不忍心欺骗自己的内心。《史记》称赞子贱所达到的治理是"不忍欺"的境界，是最高的治理境界。

现在常讲"中国式管理""中国之治"。这种"不忍欺"的境界，就是中国式管理所达到的最高等的治理境界，而达到这种境界所依靠的不是某种具体的管理模式，更不是严苛的法律规章制度，而是以"君仁臣忠"这种源自于人本性自然的人伦关系为核心的管理理念。在这种理念的指导下，领导者不仅是决策者、指挥者，还是员工的家长，像亲人一样关心爱护属下。更进一步，领导者还是员工的师长，以身作则，率先垂范，带领教导属下。这就是一个好的领导者要做到的三个方面，"作之君""作之亲""作之师"。其中后两者正

是中国式管理中"君仁"的体现，同时也是中国式管理
的优势和关键所在。

关乎民风善恶：
德化不任刑，嘉禾生中牟

历史记载

　　鲁恭字仲康，扶风人也。太傅赵憙举恭直言，拜中牟令。恭以德化为治，不任刑罚。民许伯等争田累年，守令不能决，恭为平理曲直，皆退而自责，辍耕相让。亭长从民借牛而不肯还之，牛主讼于恭。恭召亭长，敕令归牛者再三，犹不从。恭叹曰："是教化不行也。"欲解印绶去。掾史^①泣涕共留之，亭长乃惭悔，还牛，诣^②狱受罪，恭贳^③不问。于是吏民信服。

　　建初七年，郡国螟伤稼，犬牙缘界，不入中牟。河南尹袁安闻之，疑其不实，使仁恕掾^④肥亲往廉^⑤之。恭随行阡陌，俱坐桑下。有雉过，止其傍^⑥，傍有童儿。亲

---

①掾史：官名。掾，音yuàn。

②诣：到。

③贳：音shì，赦免。

④仁恕掾：官名，属河南尹。

⑤廉：考察。

⑥傍：通"旁"。

曰："儿何不捕之？"儿言："雉方将雏[1]"。亲瞿然[2]而起，与恭诀曰："所以来者，欲察君之治迹耳。今虫不犯境，此一异也；化及鸟兽，此二异也；竖子[3]有仁心，此三异也。久留徒扰贤者耳。"还府，具以状白安。是岁，嘉禾生中牟，安上书言状，帝异之。

——《群书治要·后汉书一》

　　本则故事以东汉贤臣鲁恭为例，说明贤臣对社会风气的积极影响。

　　《后汉书·鲁恭传》记载，鲁恭（32年—112年），字仲康，扶风人（扶风在今陕西省咸阳西）。鲁恭的父亲在任武陵太守时，死在任上。当时鲁恭12岁，弟弟鲁丕7岁，兄弟二人日夜痛哭，声音不断。他们对郡中人赠送的帮助安葬的钱物一概不受，回乡服丧时，所守的礼甚至超过了成年人。从这里可以看出鲁恭是一位至孝之子。

　　鲁恭15岁时，与母亲和弟弟住在太学，学习《鲁

---

①将雏：携带幼禽。
②瞿然：惊视的样子。
③竖子：指小孩。

诗》。他们闭门讲习诵读，不理人间俗事，受到了儒士们的称赞。当时的太尉赵熹（xǐ）钦慕鲁恭的志气，每年在一定的时候，都会派自己的儿子带着酒和粮食来慰问，但是鲁恭都推辞不受。前面有鲁恭不收助葬的钱物，现在面对官员的馈赠也坚持自己的原则，见微知著，可以预见，鲁恭将来为官也能成为廉洁正直的官员。

鲁恭不仅孝道卓著，悌道也做得非常好。他怜惜弟弟鲁丕年纪小，就想先让弟弟出名，自己称病不出来做官。郡中多次礼请他出仕为官，他都推辞不应，直到母亲强迫，他才无奈担任了教职。建初初年（公元76年），弟弟鲁丕因品行端正受到举荐后，鲁恭才开始担任郡府的小吏。此时，赵熹已升任太傅，他听说鲁恭出来做官，便立刻聘用了鲁恭。后来，赵熹又以"举直言"举荐了鲁恭，朝廷用公车召见，拜鲁恭为中牟县令（牟音mù），中牟县即今河南省中牟县。

鲁恭治理中牟县，注重运用道德教化来治理百姓。百姓中有几个人争夺一块田地已经好几年了，郡守县令都不能妥善处理这一案件。鲁恭到任后为他们评判曲直，双方全都退堂自我检讨，停止耕作，互相谦让田地的边界。

为什么之前的县令不能判决，而鲁恭就能调解成功

《大学》

　　《大学》，为《礼记》中第42篇，是一篇论述儒家修身、齐家、治国、平天下思想的散文。

呢？鲁恭的德行是重要因素之一。鲁恭是正人君子，为人处事能使他人信服。这就对应了《大学》中所说的"自天子以至于庶人，壹是皆以修身为本"。领导者修身有成，则"身治而天下治"，周围的人自然受到感化而归心。

　　接下来的故事更能看出鲁恭行有不得、反求诸己的处事态度。

　　有位亭长从民众手里借了牛却不肯归还。牛的主人到鲁恭面前告状。鲁恭把亭长召来，多次命令他归还，可是亭长仍不听从。鲁恭叹息说："这是教化不行的结果啊！"鲁恭认为教化不行是自己的失职，因此准备解下绶带，辞官而去，辅佐的官吏们哭着一起挽留他。此情此景，使得亭长惭愧悔悟，把牛归还给了主人，并到狱中请求服罪。鲁恭赦免了亭长，不再过问此事。官吏和百姓也因此而信任佩服鲁恭。

　　为什么要赦免亭长？因为鲁恭知道，亭长已经知道了自己的错误，而且甘愿受罚，那么教化的目的已经达到了，就没有必要再惩罚了。在故事中，鲁恭首先不是责罚亭长，而是自责没有将百姓教化做好，致使人们犯错。这种"罪己"的行为，就像古圣先王大禹和商汤，面对犯罪的百姓，不但没有责罚百姓，反而怪罪自己没有将百姓教化好一样，自然赢得百姓的信服。

在鲁恭的治理之下，中牟县的民风越来越好。建初七年（公元82年），与中牟县相邻的郡国螟虫成灾，危害庄稼。中牟县虽然与郡国呈犬牙般交错接壤，但螟害没有进入中牟县。河南尹袁安听说了这件事，怀疑这种情况不属实，就让主管刑狱的官员肥亲前去察访。鲁恭陪同肥亲巡行在田间，并一起坐在桑树下。这时有野鸡飞过，停在桑树旁，旁边还有小孩，这野鸡一点也不怕人。肥亲问小孩："你为什么不捉那只野鸡呢？"小孩说："野鸡妈妈

河南尹

东汉建都于河南郡洛阳县，为提高河南郡的地位，其长官不称太守而称"尹"，掌管洛阳附近21县。

还要抚养小鸡呢。"肥亲惊讶地站起来，向鲁恭辞行说：
"我这次来的目的是想考察您的政绩。现在蝗虫不犯中牟
县境，这是第一件非同寻常之事；教化普及影响到鸟兽，
这是第二件非同寻常之事；连小孩子都有仁爱之心，这是
第三件非同寻常的事情。我久留此地，只会白白地打扰贤
者。"回到府中后，肥亲将看到的情况向袁安禀报。这一
年，中牟县长出了嘉禾。嘉禾是一种生长奇异的禾苗，如
双穗禾。在古代，双穗禾被视为天降福祉、政通人和的吉
祥之兆。袁安上书向皇帝报告了这些情况，汉章帝（75
年—88年在位）也对此称奇。

对这样的现象有个词叫"天人感应"，一国之君或是
一邑之长有德，施行善政，上下和睦，社会大治，就能感
得风调雨顺，甚至出现瑞相。历史上有关"天人感应"的
记载很多，现代人感觉很神秘，其实并不神秘，这背后的
道理就是中国古人常讲的"境随心转"。一个人的境缘包
括自己和自己周围的环境、人际关系等。当一个人的心念
转变了，处理问题的角度和方式不同，那么境缘也会随之
转变，这是一个朴素的辩证观点。在一般的官吏看来，辖
地内发生纠纷吵架、偷盗奸诈等有伤风化之事，首先会认
为是百姓的素质低下，责任推给百姓，结果越治越乱。而

鲁恭却首先自责治理和教化的不力，结果所有问题迎刃而解。鲁恭在中牟县任职，人民都受到了道德教化。看到野鸡飞落田间，其他地方的人们可能首先想到的是驱赶或捉拿，而中牟县的人却用仁心保护喂养，结果当其他地方螟虫成灾的时候，中牟县却因野鸡吃光螟虫而幸免于灾。这就是境随心转的结果。

《鲁恭传》还记载了另一个在鲁恭治下社会风气改善的故事。鲁恭升任乐安相后，当时东州有很多强盗，结伙攻抢，各郡都很担忧。鲁恭到任后，在加重悬赏的同时，写示恩信给这些强盗。在鲁恭的感化下，强盗头目张汉率其党羽投降。鲁恭上书请求任命张汉为博昌县尉，之后强盗全部被攻破平定，州郡也得以安定了。可见，运用道德教化的方法治理百姓，使社会风气得到改善，这种转变不仅迅速，而且行之有效。

真正贤德之人居于领导之位，就能使社会风气得到转

博昌县尉

东汉时，博昌县属乐安国，管辖范围在今山东博兴县。县尉为辅佐县令的官员，主管治安捕盗之事。

变。这就是，有德行者处于上位，他的治下就没有心存侥幸的人。古代有句谚语："民之多幸，国之不幸。"意思是说，如果民众多心存侥幸，那么就是国家的不幸。居上位者如果是恶人，就会以自己的喜怒为赏罚的标准，如此一来，民众就会产生侥幸心理，唯领导是瞻，国家的典章制度反而不足为惧，因此是国家的不幸。如果居上位者是德才兼备之人，他们用自己的言传身教，培养民众孝悌忠信、礼义廉耻的美德，树立是非善恶的正确观念，进而达到扬善抑恶、一正压百邪的效果。所以说，社会风气的好坏，很大程度上取决于国家所任用之人是否贤德。其实，官员的政德修养不仅关系到社会风气的善恶，还关系到国家的兴衰和官员自身的成败。

在中国历史上，许多皇帝都遵奉有道德学问的大德为国师，随时咨询请益，对他们礼遇有加。皇帝态度都如此恳切恭敬，上行则下效，整个社会也就兴起追求道德、爱好仁义之风。《淮南子》中提到，举荐天下最贤德的人出任三公，举荐国家最贤德的人出任九卿，举荐一县之中最贤德的人出任二十七大夫，举荐一乡之中最贤德的人出任八十一元士，皆依据其才能大小给以适当的官职，以办理合适的政事。道德教化可由天子达至百姓，以权重之人制约位轻之人，上倡下和，上行下动，四海之内，同归一心，背弃贪鄙而心向道义。以这种办法来教化民众，就如同风吹草木，草木皆随风倒伏。

中国传统文化是一种重视道德教育的伦理型文化。在这种文化中，国家治理体制的完善是围绕着将人培养为圣贤君子，并将圣贤君子选拔到领导之位这一核心而展开的。因此，从教育制度开始，就注重通过家庭教育、学校教育、社会教育等形式培养德才兼备的人才，进而从官吏的考试、选拔、培训、考核、监察、奖励和管理等一系列制度上，落实"学而优则仕""爵非德不授，禄非功不与""进贤受上赏，蔽贤蒙显戮"等原则，保证使"贤者在位，能者在职"，则其治理能达到的结果便如《六韬》中所描述的，国家政事平和，官员不会严厉刻薄，征收赋税有节制，君主生活节俭，不因私人恩惠而损害国法，不

《六韬》

《六韬》，又称《太公六韬》，由周初姜太公所著，据说是先秦时期著名的黄老道家典籍《太公》的兵法部分，内容博大精深，是中国古代军事思想精华的集中体现。

赏无功之人，刑罚不施于无罪之人，不因喜悦而奖赏，不因怨怒而责罚，伤害民众的人有罪，进荐贤才的人有赏。换言之，中国的治理模式是通过开展圣贤教育，培养圣贤君子，再通过办理圣贤政治，最终达到社会善治的结果。

第二章

贤才的标准

　　在古代，有德谓之贤，有技谓之能。贤能之分即德才之别。德是才的根本。博学多才固然重要，但若没有德行为承载，就有可能才华越高，危害越大。自古以来，国之乱臣，家之败子，无不是才有余而德不足，最终导致国破家亡。因此，古人在选举人才时主张德才兼备，以德为先。这也是中国在当今选用干部时仍然坚持的原则。

贤德之人：
唐尧光四表，举舜服九州

历史记载

帝尧者，放勋①。其仁如天，其知如神。就之如日，望之如云。富而不骄，贵而不舒②。

尧曰："嗟！四岳③，朕在位七十载，汝能庸命④，践朕位？"岳应曰："鄙德忝⑤帝位。"尧曰："悉举贵戚及疏远隐匿者。"众皆言于尧曰："有矜⑥在民间，曰虞舜。"尧曰："然，朕闻之，其何如？"岳曰："盲者子。父顽⑦，母嚚⑧，弟傲，能和以孝，烝烝⑨治，不至

---

①放勋：帝尧的名字，尧为谥号。

②舒：慢。

③四岳：分掌四岳的诸侯。

④庸命：顺应天命。

⑤忝：音tiǎn，辱，谦辞，不配的意思。

⑥矜：通"鳏"，音guān，无妻的。

⑦顽：心不遵德义。

⑧嚚：音yín，口无忠信之言。

⑨烝烝：音zhēng，形容孝德厚美。

奸。"尧曰:"吾其试哉!"于是尧妻①之二女,观其德于二女。

舜饬下二女于妫汭②,如妇礼。尧善之,乃使舜慎和五典③,五典能从。乃遍入百官,百官时④序。宾于四门,四门穆穆⑤,诸侯远方宾客皆敬。尧使舜入山林川泽,暴风雷雨,舜行不迷。尧以为圣,召舜曰:"女⑥谋事至而言可绩,三年矣。女登帝位。"舜让于德不怿。正月上日,舜受终于文祖⑦。

——《史记·五帝本纪》

中国自上古就已经开始了选贤的实践。尧和舜是上古时期两位圣明的君主,他们治国理政的智慧和方法为孔子所推崇。从唐尧到虞舜,再到夏禹,帝位继承实行禅让

---

①妻:音qì,以女嫁人。
②汭:音ruì,河水弯曲之处。
③五典:五教。指父子、君臣、夫妇、兄弟、朋友五种人伦关系。
④时:通"是",于是。
⑤穆穆:端庄恭敬。
⑥女:通"汝",你。下"女登帝位"同。
⑦文祖:文祖的庙。文祖是尧帝的太祖。

《史记》原称《太史公书》，由西汉史官司马迁所著，是我国首部纪传体通史，记录了上始黄帝、下讫汉武帝太初四年间的历史。《五帝本纪》是其中的篇名，记述了上古时期五位圣明帝王黄帝、颛顼、帝喾、尧、舜的历史。

帝喾

帝喾，喾音kù。五帝之一，黄帝的曾孙。

《帝王世纪》

《帝王世纪》是西晋皇甫谧编著的一部专述帝王世系、年谱及事迹的史学专著，所叙上起三皇，下迄汉魏。

制，即帝位由众人推举的贤德之人继承，推选继承人的过程就是在选贤举能。本则故事节选自《史记·五帝本纪》，讲述尧将帝位禅让给舜的过程，展示了尧举舜时选贤的标准和考察方式。

尧帝，名叫放勋，姓伊祁，为帝喾之子，史称唐尧、帝尧。尧帝被汉武帝（前141年—前87年在位）誉为"千古帝范，万代民师"。《史记·五帝本纪》中对尧帝有着如下的美誉：他的仁德犹如苍天滋润万物，他的智慧犹如神明一样微妙。人们对他的倾心归附，如葵花向阳；对他的企盼，如同百谷仰望甘霖。他富有而不骄奢，地位尊贵却不傲慢。尧帝有着顺天应人的美德，能亲睦九族，辨明彰显百官之职，能协和万邦。据《帝王世纪》记载，在尧帝的治理之下，社会安定和谐，人民安居乐业。曾经有五位老人在路边击壤而歌："我们日出劳作，日落休息，挖井喝水，耕田吃饭，没有感受到帝王的治理对我有影响啊！"看到的人感叹说："尧帝的圣德真是宏大啊！"圣人治理就是这样，他们依循道的规律治理百姓，使人感受不到他的存在，但却获得了真切的益处。

尧帝在考虑帝位继承人的时候，首先否决了他的儿子丹朱，认为丹朱不遵从德义，又好争讼；进而又否决了共工，认为共工善于言辞，但是用意邪僻，貌似恭敬却欺瞒上天。尧帝对四方的诸侯说，"四方的诸侯啊，我已经在帝位七十年了，你们谁能够顺应天命，来接替帝位呢？"诸侯们都回答说："我们德行浅陋，会辱没帝位的。"诸侯们都推辞了。于是，尧帝就命诸侯们举荐贤德，不论出身。大家都对尧帝说，"在民间有个没娶妻的人，名叫虞舜。"尧说："对，我也听说了，他怎么样？"诸侯们说："他是盲人的儿子。他的父亲不遵德义，母亲不讲忠信，弟弟狂傲无理，舜都能用孝顺友爱之心与他们亲睦共处，使他们上进，而不至于发展到奸恶的程度。"尧说："我就先考验考验他吧!"于是尧把自己的两个女儿娥皇和女英嫁给舜，通过她们来观察他的德行。

舜让两位妻子迁居到妫水（妫音 guī）旁边。尧看到两个女儿都越来越能遵行为妇之礼，认为舜做得很好，就让舜教导人们五伦关系，也就是父子、君臣、夫妇、兄弟、朋友之间的五种伦理关系。在舜的教导下，人们都能遵从五伦的教化。尧接着又让舜广泛参与百官事务的管理，尧把各项事务也都处理得有条有理。尧又让舜在四方之门迎接来朝的宾客，所有的接待都严敬肃穆，诸侯和远方的宾客对主人都很恭敬。尧又让舜进入山林川泽，遇到暴风雷雨，舜从不迷失方向。尧认为舜有超人的智慧，把舜召来说："你谋划的事情都能做到，说过的话都有成效，已经3年了。你可登上帝位了。"后来，正月初一这天，舜在文祖庙接受了尧帝的禅让。

可以看到，尧在禅让帝位给舜之前，对舜进行了几个方面的考察，而且有一定的顺序。首先考察其治家的能力。欲治其国者，先齐其家。尧帝将女儿嫁给舜，通过观

察舜理家的能力进而观察其治国的能力。至于嫁两个女儿，是出于两位妻子更具公平性的考虑。其次考察了舜以道德教化百姓的能力，因为"建国君民，教学为先"，建立一个国家，领导一国的人民，教育是头等大事。再次，尧考察了舜的治理能力，包括组织、管理、领导和外交能力，这些都是作为一国之君必须具备的为政能力。最后，尧考察了舜的生存能力。上古时代，帝王定期省视四方，因此，要能够在山林川泽之中，在极端的自然条件下，也能够把握方向，不会迷失。为期三年的考察，可谓历试诸难。在舜的带领下，民皆德化，百事振兴，诸侯和睦，风调雨顺。舜以优异的政绩，在民众中赢得了广泛的信任和拥戴。

　　舜对百姓的教化是身教，民众的拥戴是受德行的感召。《史记》记载，舜在历山耕种，历山的人都互让田地边界；在雷泽捕鱼，雷泽的人互相推让居所；在黄河边制作陶器，那里生产的陶器没有粗糙破损的。一年的时间，舜居住的地方便成为一个村落，两年成为一个集镇，三年成为一个都城，这是因为舜高尚的德行感化了周围的人，人们亲近有德之人而自然形成的结果。所以圣人从治理人心着手使天下得到治理。

当今中国的干部培养模式和制度，也可以从尧舜这里找到历史渊源。首先，候选人的标准是德才兼备，以德为先。从尧帝禅让舜的故事可以看出，上古的圣君在选贤的时候就非常重视德行和才能，这种以德为先，特别是以孝德为本的选贤标准，是有历史传承的，从尧舜算起，已经在中国传承了近5000年。其次，在任命之前，要对候选人做全方位的考察，就像尧从"公""私"两方面来考察舜。在"私"的方面，为什么要考察齐家的能力？因为《大学》上说，"其家不可教，而能教人者，无之"。我国现在在考察领导干部时，家人的状况也被纳入考察内容，因为这体现着领导干部教导、影响家人的能力，换言之，就是齐家的能力。"公"的方面，考察的不仅是政绩，还有在民众中的口碑。根据《党政领导干部选拔任用工作条例》，干部选拔任免之前都要进行公示，广泛听取群众的反映和意见后，再正式实施对公务员的任职。这就是在"大事"上看德，在"小节"中察德。第三，选贤之后，舜没有立即继位，而是经历了较长时间的历练和考核。这个过程用现在的话说，就是进入高层的领导干部要经过系统的、全方位的培养和考验。在当今中国，中高层领导干部的选拔不实行民主选举制，不以言取人，不迷信选票，而是根据干部的实际工作能力和政绩进行选拔。干部须从基层做起，再通过换岗，在不同的岗位、不同的地域工作，积累从政经验，之后再根据政绩以及群众的反映，进行晋升。在中国，即使治理一个省，对主政者才干和能力的要求也非常高，选拔任用也是非常谨慎的。因此，在这种干部培养选拔制度下，不可能将低能的领导者甚至没有从政经验的领导者选入国家最高领导层。

　　能够以德行教化百姓、言传身教之人，理应受到国家最高的重视和封赏，因为他们既能全君之德、成君之业，又能真正地普利百姓、教化群萌，使国泰民安，实现大治。《尸子》中有一个形象的类比，说明了贤德之人对民众进行道德教化的重要性。比如房屋失火了，有人帮忙来灭火，此时得到别人救助的人们都会感激不尽；然而，年老的长者教人们要涂好灶墙缝隙，谨慎修缮烟囱，这样，终身都没有失火的忧患。同理，当人们身陷囹圄时，如果有人能将其解救出来，其三族的家人都会感恩戴德；

《尸子》

　　《尸子》，战国尸佼所著，兼儒、墨、名、法家的思想，归入杂家。

但是贤德之人，教导人们仁义慈悌的道理，则可终身免于牢狱之灾。世上的灾难其实都有它的"灶墙缝隙"和"烟囱"，贤德之人行道于天下，能够消除"灶墙缝隙"和"烟囱"，使天下免除祸患。

我们从历史中汲取经验和教训，始终将道德教育置于重要的位置。在中国的学校教育中，从小学至大学都开设有德育课，培养学生良好的品德和行为习惯。中华民族几千年来形成了博大精深的优秀传统文化，中国共产党带领人民在革命、建设、改革过程中锻造了革命文化和社会主义先进文化，这些都为道德教育提供了深厚力量。

孝廉之人：
孝子吴隐之，不惧饮贪泉

历史记载

吴隐之字处默，濮阳鄄城人。博涉文史，以儒雅标名。弱冠而介立[1]，有清操。年十余，丁父忧，每号泣，行人为之流涕。事母孝谨，及其执丧，哀毁过礼。

与太常韩康伯邻居，康伯母，贤明妇人也，每闻隐之哭声，辍餐投箸，为之悲泣。既而谓康伯曰："汝若居铨衡[2]，当举如此辈人。"及康伯为吏部尚书，隐之遂阶清级[3]。累迁晋陵太守。在郡清俭，妻自负薪。虽居清显，禄赐皆班亲族，冬月无被，尝浣衣，乃披絮，勤苦同于贫庶。

广州包带山海，珍异所出，一箧[4]之宝，可资数世，然多瘴疫，人情惮焉。唯贫窭[5]不能自立者，求补长吏，

---

①介立：孤高独立。
②铨衡：主管选拔官吏的职位。
③清级：显贵的官位。
④箧：音qiè，箱子。
⑤贫窭：贫困。窭，音jù。

故前后刺史皆多黩货①。朝廷欲革岭南之弊，隆安中，以隐之为龙骧将军、广州刺史。未至州二十里，地名石门，有水曰贪泉，饮者怀无厌之欲。隐之既至，语其亲人曰："不见可欲，使心不乱。越岭丧清，吾知之矣。"乃至泉所，酌而饮之，因赋诗曰："古人云此水，一歃②怀千金。试使夷齐饮，终当不易心。"及在州，清操逾厉，常食不过菜及干鱼而已，帷帐器服皆付外库，时人颇谓其矫，然亦终始不易。

元兴初，诏曰："夫孝行笃于闺门，清节厉乎风霜，实立人之所难，而君子之美致也。龙骧将军、广州刺史吴隐之孝友过人，禄均九族，菲③己洁素，俭愈鱼飧④。夫处可欲之地，而能不改其操，飧⑤惟错⑥之富，而家人不易其服，革奢务啬⑦，南域改观，朕有嘉焉。可进号前将军，赐钱五十万、谷千斛。"

——《晋书·吴隐之传》

---

①黩货：贪污。
②歃：音shà，饮。
③菲：音fěi，薄。
④鱼飧：鱼制的熟食。飧，音sūn。
⑤飧：通"享"，享有。
⑥错：繁多。
⑦啬：音sè，节俭。

　　本则故事专门讨论举荐具有孝廉品质的人。故事节取自《晋书·吴隐之传》。东晋时期（317年—420年）的吴隐之是一位至孝之子，也是历史上著名的廉吏。

　　吴隐之（？—413年），字处默，濮阳郡鄄城人，鄄城即今山东省鄄城县（鄄音juàn）。吴隐之博览文史，以儒雅著名，20岁左右就很耿直，有清正的操守。虽然每日粗茶淡饭，但是不该得到的粮食坚决不吃，哪怕家中没有一石余粮，也决不取不义之财。10多岁时为父亲守丧，常常哀号哭泣，路上的行人听后也会哀伤落泪。吴隐之侍奉母亲孝顺谨慎，尤其注意以和颜悦色的态度来奉养母亲。后来，吴隐之的母亲去世了，在为母亲办理丧事时，吴隐之悲痛哀伤，甚至超过了礼制的规定。为母亲守孝之时，还差点因伤悲过度而丧命。《晋书》记载，吴隐之家中贫困，无人鸣鼓，但是每到该哭泣时，都有双鹤鸣叫。母亲去世周年祭礼，又有群雁聚集，当时人们都认为是吴隐之的孝心感动了仙鹤和大雁。《孝经》中说，"孝悌之至，通于神明，光于四海，无所不通。"说的就是这样的事。

　　吴隐之与太常韩康伯是邻居。韩康伯的母亲是一位贤明的妇人。每次听到吴隐之哭泣，如果是在吃饭，她就放下筷子，与吴隐之一起悲伤哭泣，就这样一直持续到丧

太常

太常，官名，统管太学的各个博士、祭酒以及太史令、太庙令等。

期结束。韩康伯的母亲对韩康伯说，"如果你以后做了负责选拔官吏的官员，就应当推举像吴隐之这样的人。"后来，韩康伯任吏部尚书，推荐提拔了吴隐之。几次升迁后，吴隐之任晋陵太守。在郡中，他为官清廉俭朴，甚至他的妻子还要自己去背柴草。后来，吴隐之又几度升迁，虽身居高位，但他都将其所得的俸禄和赏赐分给了亲戚和族人，以至于到了冬天，家里都没有被子盖。他还曾因没有替换衣服，在洗了衣服时，只能身披棉絮取暖。他的生活辛勤劳苦就如同贫寒的百姓。

广州包山带海，出产珍奇异宝。一箱珍宝可供几代享用。然而，那里瘴疫泛滥，人易患病，因此人们都很害怕去那里，只有那些贫寒的人，才会要求去那里做官，前后几任刺史中也多有贪污受贿的。朝廷想要革除岭南这种弊病，隆安年间（397年—401年），晋安帝任命吴隐之为龙骧将军，广州刺史。

距离广州20里处，有个地方叫石门，那里有一口泉叫"贪泉"。据当地传说，饮了贪泉的水，人们就会变得贪得无厌，清廉的官员也会改变节操。吴隐之深知，这只是传说而已，贪污与否和是否饮贪泉的水毫无关系，而在于一个人能否把握自己的廉洁之志。吴隐之知道，岭南当时贪污之风盛行，没有清廉之志的人，就算没有见过贪泉，也同样会贪污受贿。因此，为了表明自己的清廉之志，破除贪泉的邪说，更是为了教育当地的官吏百姓，吴隐之来到贪泉，舀起泉水喝了下去，并赋一首诗："古人云此水，一歃怀千金。试使夷齐饮，终当不易心。"意思是说，古人传说一喝了这个贪泉的水，就会变成贪官污吏，但是假使让伯夷、叔齐这样的廉洁之士饮了这贪泉的水，我想他们终究不会改变他们的廉洁之心。后来，吴隐之在广州任职期间，更加注重砥砺自己清廉的节操，常吃的不过是青菜和干鱼，幔帐器用和服饰，都交给外库办理，当时人们说他做得太过了，而他却始终不改清廉的节操。

夷齐

　　夷齐，伯夷和叔齐的并称，是历代中华仁人志士诚信礼让、忠于祖国、抱节守志、清正廉明的典范。

古人云此水，一歃怀千金。
试使夷齐饮，终当不易心。

贪 泉

斛

斛，音hú，称量粮食的单位，一斛为10斗，南宋末年改为5斗。

元兴初年（公元402年），晋安帝下诏嘉奖吴隐之。诏书上说："孝顺的行为笃行于家门之内，清廉的节操砥砺于风霜之中，这是立身做人所难以做到的，而又是君子最美好的品德。龙骧将军、广州刺史吴隐之，孝顺友爱超过常人，他把所得的俸禄都分给他的亲属。他对自己给养菲薄，廉洁朴素，以干鱼为食，非常节俭。他身处物欲之地，在高名厚利的诱惑之中能够不改变清操；享有镂金之富，置身奇珍异宝的环境中，家人却不改变朴素的穿着。他坚持革除奢侈之风，务求节俭，令南方地区奢侈的社会风气大为改变。我要嘉奖他，恩准进号为前将军，赐钱50万，谷1000斛。"

吴隐之就是这样一位具有孝廉品质的人。其实，孝心一开，百善皆开。以深厚的孝德为根基，各种德行都会自然而然地展现出来，因为孝是万德之本。真正具有孝廉品质的人一定会成为国家的忠臣，这就是古人常讲的"求忠臣必于孝子之门"。东晋末年"卢循之乱"时，卢循进攻广州的南海县，广州刺史吴隐之率领将士，坚守城池，长子吴旷之战死。坚持100多天后，卢循攻陷城池，擒获了吴隐之。当时东晋的重臣刘裕写信给卢循，令卢循送还吴隐之，过了很久，吴隐之才得以回到朝廷。回朝那天，行装依旧没有一点多余的资财。回来之后，吴隐之仅有几亩大的小宅院，十分简陋，甚至住不下妻子儿女。刘裕赐给吴隐之车牛，另为他建造宅院，但是吴隐之都拒绝了。

吴隐之坚守清廉之志至死不渝，从做官起到去世，屡次被朝廷赏赐嘉奖，清廉之士也以吴隐之为荣。孝子吴隐之，终成一代廉洁官员的典范。

通过吴隐之的故事，我们就可以明白为什么中国古代会实行"举孝廉"的选拔制度。因为一个孝子，一举足不敢忘父母，一出言不敢忘父母，言行举止小心翼翼，念念不忘父母教诲，不敢辱没父母名声，定会为官恭谨，自然不会贪污腐败。就像吴隐之，深知要时刻保持自己的清廉之志，哪怕是点滴小事，都不会放纵自己。吴隐之在年轻时，曾有一次吃到咸菜，因为味道太鲜美，于是抛弃不吃；在广州做官时，手下人给他送鱼，为讨好他，常剔去鱼骨和刺，留下肉，吴隐之察觉到了他的用意，责罚并开除了他。历史上，两晋时期的官风极其腐败，日食万钱、比阔斗富的丑闻均发生在那个时代，这也是中国历史上的一段黑暗时期。但就在如此的环境中，吴隐之依然能够清廉自守，成为一代廉吏，名垂青史。

"历览前贤国与家，成由勤俭破由奢。"古今中外因奢靡腐化而导致败家亡国的事例比比皆是，教训极为深刻。以史为鉴，当今中国领导人也深刻认识到，坚决杜绝铺张浪费，厉行勤俭节约，不仅关系到群众的切身利益，也关系到党的生死存亡，更关系到国家的长远发展。因此，习近平总书记提出要加强党风廉政建设，全面从严治党，整治贪污腐败。2012年12月4日，中共中央政治局会议审议通过了改进工作作风、密切联系群众的"八项规定"，严厉整治形式主义、官僚主义、享乐主义和奢靡之风，使党风政风社会风气焕然一新。作风优良是中国共产党作为百年大党的鲜明标识，是中国共产党自1921年建党以来赓续传承的法宝。党的作风是党的形象，是观察党群干群关系、人心向背的晴雨表。党的十九大以来，习近平总书记强调，要以永远在路上的执着，把全面从严治党引向深入，开创全面从严治党新局面。

直谏之人：
国无直谏士，岂可曰具官

历史记载

公曰："寡人今欲从夫子而善齐国之政，可乎？"

对曰："婴闻国有具官①，然后其政可善。"

公作色不悦，曰："齐国虽小，则何谓官不具？"

对曰："此非臣之所复也。昔吾先君桓公身体惰懈，辞令不给，则隰朋昵侍②；左右多过，狱谳不中③，则弦宁昵侍；田野不修，民氓④不安，则宁戚昵侍；军吏怠，戎士偷，则王子成甫昵侍；居处佚怠，左右慑畏，繁乎乐，省乎治，则东郭牙昵侍；德义不中，信行衰微，则管子昵侍。先君能以人之长续其短，以人之厚补其薄，是以辞令穷远而不逆，兵加于有罪而不顿，是故诸侯朝其德，而天子致其胙⑤。今君之过失多矣，未有一士以闻者也。

---

①具官：配备官员。

②昵侍：近侍。

③狱谳不中：刑狱议罪不公正。谳，音yàn。

④民氓：百姓。

⑤天子致其胙：周天子赐给齐桓公祭肉。

故曰官不具。"

公曰："善。"

——《晏子春秋·内篇问上》

本则故事节选自《晏子春秋·内篇问上》，讲的是谏臣无论是对君主而言，还是对国家而言，都是极其重要而不可或缺的。

齐国国君齐景公（前547年—前490年在位）对晏子说："我希望听听先生您的意见，怎样将齐国的政事处理好？"

《晏子春秋》

《晏子春秋》记载了春秋时期齐国名臣晏婴的治国理政思想和实践，分内、外篇。内篇分为《谏上》《谏下》《问上》《问下》《杂上》《杂下》，《外篇》分上、下二篇。

周天子送祭肉

周天子在祭祀之后将祭肉赐给齐桓公，说明周天子对齐桓公非常尊重。

　　晏子说："据我所知，国家要有齐备的官吏，然后才可以治理好。"

　　听到晏子的回答，景公变了脸色，不高兴地说："齐国虽小，但为何说官吏还不齐备呢？"齐景公言下之意，齐国还不至于连官吏都不齐全吧？

　　面对景公的质疑，晏子回答道："我不是这个意思。以前，先君桓公在身体困乏懈怠、言语词不达意时，有大行之官隰朋（隰音xí）在他旁边提醒；当左右近臣有了过错、刑狱议罪不公时，有掌管刑狱的弦宁在一旁纠正；当田地得不到整治、百姓得不到安宁时，有掌管农业的宁戚帮助；当军吏怠惰、士兵散漫时，有掌管军事的王子成甫在旁边谋划协助；当桓公放纵闲逸、追求享乐、疏于政事时，有谏臣东郭牙在近旁谏诤；当桓公的道德行为有所不当、意志衰弱时，有管仲亲近开导。先君桓公能用别人的长处弥补自己的短处，用别人的优点弥补自己的不足，因此，他的命令传到极远之地也不会有人违背，出兵攻打有罪之人也不会受挫，诸侯因其善德来拜见他，周天子也送祭肉给他。而今，君主您有过失时，却没有一个人把过失告诉您，所以说官吏尚未齐备。"景公说："您说得对啊！"

《三国志》

《三国志》是我国第一部纪传体国别史，由西晋陈寿撰写，记录了三国时期（220年—280年）的历史。

　　在这个故事中，晏子认为如果朝中没有能够指正君主过失的臣子，朝廷的官员就称不上完备。景公身边没有谏臣，因此即使朝廷官员在数量上再齐备，也无法将国家治理好。因为没有敢于犯颜直谏、指正君主过失的臣子，君主就很难发现自己的错误，当错误累积至无法挽回的地步时，社会动乱甚至国家灭亡就不可避免了。例如，《后汉书》在总结秦朝灭亡的原因时讲到，能够谏诤的人被诛杀，阿谀奉承的人受到封赏，善言凝结于忠臣的嘴边说不出来，国家的政令皆出于邪佞之口，这是导致秦国灭亡的重要原因。

　　《三国志·吴志》中有一段话，总结了历史上使国家兴盛或者混乱的君主的特点：能够使国家兴盛的君主，喜欢听到自己的过失；而使国家混乱的君主，则喜欢听对自己的赞叹。喜欢听自己过失的人，他的过失会一天天减

《韩诗外传》

　　《韩诗外传》是西汉韩婴所著的记述前代史实、传闻的著作，多述孔子轶闻、诸子杂说和春秋故事，书中每章结尾以《诗经》中的一句引文作结论。

少，因此福分就会来到了；喜欢听赞誉的人，声誉会一天天减损，那么灾祸也就来到了。中国古代的君王明白这个道理，因此他们礼贤下士，求贤若渴，尤其注意选拔任用那些可以指正自己过失的人。

　　《韩诗外传》中记载了赵简子（赵鞅）和周舍的故事。赵简子原名赵鞅，是春秋时期晋国的执政大臣。赵简子有位臣子叫周舍。有一次，周舍在赵简子的门下站了三天三夜，赵简子就派人前去询问有何事求见。周舍回答说，我只想做一个犯颜直谏的臣子，每天跟在您身后，拿着笔墨和木牍，如实记录您的过失。每天有记载，一个月后就会有成果，一年之后便会有明显效验。赵简子接受了周舍的建议。从此以后，赵简子住在哪里，周舍就住在哪里，赵简子出行到哪里，周舍就一起出行到哪里。周舍认真地记录赵简子的一言一行、一举一动，特别是过失。没过多久，周舍过世了。后来，有一次赵简子在洪波台和群臣饮酒，正当酒酣之时，赵简子突然哭泣起来。群臣纷纷离席，惊慌说道："臣等知道自己有过失，但是不知道过失在何处，还请您明示。"赵简子说："诸位大夫没有什么过失。过去，我有一位朋友叫周舍，他曾说过：'千羊之皮，不若一狐之腋；众人之唯唯，不若直士之愕愕。'意思是，一千张羊羔皮不如一只狐狸腋下的皮毛有价值，众多臣子的唯唯诺诺比不上一位直士的谏诤之言。历史上商纣王的臣子都闭口不言，商朝就灭亡了；周武王的臣子直言敢谏，周朝就兴盛了起来。现在，自从周舍去世之后，我再也没有听到过别人指责我的过失了，看来我离灭亡的日子已经不远了，所以我才哀痛！"

故事中，赵简子因听不到自己的过失而胆战心惊，体现出了赵简子对直臣的渴望。确实，赵简子对助长自己过失的臣子是丝毫不留情面的。《吕氏春秋》记载，

《吕氏春秋》

　　《吕氏春秋》是战国时期秦国丞相吕不韦及其门客所编撰的一部黄老道家名著，兼有儒、墨、名、法家思想，归入杂家。

赵简子处死了臣子栾徼，就是因为栾徼助长他的过错而减损他的德行。赵简子说，我曾经喜欢歌乐和女色，栾徼马上就把这些呈现在我面前；我曾经喜欢宫殿楼台，栾徼立即就把它们造好；我曾经喜欢骏马和善驭者，栾徼很快就把他们送来。而现在，我喜欢贤士已经6年了，栾徼却不曾举荐一个贤士。这是助长我的过失而损毁我的德行啊！正是因为戒慎自警，礼贤下士，虚心纳谏，赵简子成为春秋后期晋国杰出的臣子，执政晋国17年之久，对衰弱的晋国实行改革。到战国时期，赵简子也成为赵国基业的开创者。

中国历朝历代都有敢于直谏的忠臣，他们名留青史，被世人所敬仰赞叹。有一位臣子，为了举荐贤德，摒除奸佞，死后都不忘向君主进谏，这种忠诚正直的精神，连孔子都连连称赞，这个人就是史鱼。史鱼是春秋时期卫国大夫，名佗，字子鱼，是卫灵公（前534年—前493年在位）的臣子。《孔子家语》记载，卫国的蘧伯玉（蘧音qú）很贤德，但卫灵公却不任用他。弥子瑕（xiá）不贤，却因为是卫灵公的宠臣而被任用。史鱼为此多次进谏，但灵公不听。不久史鱼病重，临终前嘱咐儿子说："我在朝廷，没能使蘧伯玉入朝为官，也没能让弥子瑕被罢免，这是我作为大臣却不能匡正国君啊。活着不能匡正国君，死后就不值得依礼殡葬。我死后，你把灵柩放在窗户下就行了。"儿子谨遵父命。卫灵公前来吊唁，看到史鱼的灵柩感到很奇怪，就询问原因。史鱼的儿子就把父亲的话告诉了灵公，灵公大惊失色，说："这是我的过错啊。"于是下令将史鱼的灵柩停放在正堂，并且马上起用了蘧伯玉，罢免了弥子瑕。孔子听到这件事后说："古代特别敢于进谏的人，死了也就作罢了，没有像史鱼这样死后还要借尸体来进谏的。他的忠诚感动了国君，这样的人能说他不正直吗！"这就是历史上著名的"史鱼尸谏"的故事。

中国自古就有谏议制度，并在百官之中设有谏议之官。谏议之官的设立甚至早于监察的官员。除了有专门的谏官，上至公卿，下至百官，都有谏议的责任和义务。谏议指臣下对君主的言行及国家军政要事的决策提出批评和

《周礼》

《周礼》记载了周代的职官制度，上至国家大典，下至百姓生活，对后世官制设置有着深远的影响。

劝告，以匡正君主之失。谏议肇始于上古时期，至周代设立了专门的官员，如《周礼·地官司徒》记载有"保氏"，负责对君主的过失进行劝谏。后经春秋战国及秦代的发展，至汉代形成谏议制度，在唐朝臻于完善，宋代发生演变，明清做出了改革。谏议制度贯穿中国古代政治体制的始终，是中国古代民主政治和协商政治的集中表现，对维系古代政治制度发挥了重要作用，是中国古代政治文化的重要遗产。

现在中国实行的"中国人民政治协商会议"可以说是对中国古代具有协商和民主特色的谏议制度的继承与超越。中国人民政治协商会议是根据中国共产党同各民主党派和无党派人士"长期共存、互相监督、肝胆相照、荣辱与共"的方针而创立的中国人民爱国统一战线组织，是中国共产党领导的多党合作和政治协商的重要机构，对国家大政方针和群众生活的重要问题进行政治协商，并通过建议和批评发挥参政议政、民主监督的作用。人民政协的创立标志着新中国的国家构建正式开启，是民主形式的伟大创造。中共中央党校副教授齐惠曾这样总结人民政协制度的优越性：它集包容性、平等性和开放性于一体，体现人民民主真谛；集协商、监督、参与、合作于一体，体现新型政党关系；集公益、理性、慎议于一体，体现政治文明的重要原则；集一致性、多样性、统一性于一体，体现团结和民主的政治主题；集国家、社会和公民的利益于一体，体现善治的能力和水平。

第三章
选贤与能

在选贤的实践中，古人发展了丰富的观察人才、考验人才的方法，并形成了最具中国特色的荐贤形式——让贤。选贤与能始自上古，逐渐制度化，先后形成了察举和科举两大制度。科举制也是现今中国公务员考试任用制度的历史渊源。

观　贤：
五观辨贤才，所举定良相

　　文侯谓李克曰："先生尝有言曰：'家贫思良妻；国乱思良相。'今所置非成则璜①，二子何如？"

　　对曰："卑不谋尊，疏不谋戚。臣在阙门之外②，不敢当命。"

　　文侯曰："先生临事勿让！"

　　克曰："君弗察故也。居③视其所亲，富视其所与，达视其所举，穷视其所不为，贫视其所不取，五者足以定之矣，何待克哉！"

　　文侯曰："先生就舍，吾之相定矣。"

　　李克出，见翟璜。翟璜曰："今者闻君召先生而卜④相，果谁为之？"

---

①非成则璜：成指魏成子，璜指翟璜。
②在阙门之外：意思是疏远。阙，音què，指宫殿前左右两边的高台。
③居：平时。
④卜：选择。

克曰："魏成。"

翟璜忿然作色曰："西河守吴起，臣所进也。君内以邺为忧，臣进西门豹。君欲伐中山，臣进乐羊。中山已拔，无使守之，臣进先生。君之子无傅，臣进屈侯鲋。以耳目之所睹记，臣何负于魏成！"

李克曰："子言克于子之君者，岂将比周①以求大官哉？君问相于克，克之对如是。所以知君之必相魏成者，魏成食禄千钟，什九②在外，什一在内；是以东得卜子夏、田子方、段干木。此三人者，君皆师之；子所进五人者，君皆臣之。子恶③得与魏成比也！"

翟璜逡巡④再拜曰："璜，鄙人也，失对，愿卒⑤为弟子！"

——《资治通鉴·周纪一》

在选贤举能的过程中，首先要观察候选人。本则故事节选自《资治通鉴·周纪一》，讲述了战国时期魏国的臣

①比周：结党营私。
②什九：十分之九。
③恶：音wū，怎么，疑问副词。
④逡巡：恭敬的样子。逡，音qūn。
⑤卒：终身。

《**资治通鉴**》

　　《资治通鉴》是由北宋司马光主编的一部编年体史书，记载了从周威烈王二十三年（前403年）到五代后周世宗显德六年（959年），涵盖16朝1362年的历史。书中刻画了帝王将相们为政治国、待人处世之道。

魏文侯

　　魏文侯，即魏斯（前472年—前396年），原为晋国正卿，后成为魏国的开国君主。

李克

　　李克，即李悝（kuī）（前455年—前395年），战国初期魏国著名政治家、法学家。

子李克教魏国国君魏文侯观人选相的方法。

　　魏文侯对李克说："先生您曾说：'家贫需要娶贤妻，国乱则需选贤相。'如今要选择宰相，魏成或者翟璜，这两个人怎么样？"魏成是魏文侯的弟弟，翟璜是魏文侯的上卿。从"国乱则需选贤相"的发问可以看出，魏文侯抓住了治国的关键——贤才。从"先生您曾说"的言语看出，魏文侯也是一位谦虚的君主，尊贤能之臣为师，虚心求教。

李克回答说："位卑之人不谋划位尊之人的事，疏远之人不谋划亲近之人的事。我身处宫廷之外，不敢承担这个使命。"

魏文侯说："这件事，先生就不要推让了。"

李克说："您之所以拿不定主意，是您没有留心观察他们的缘故。平时看他亲近什么样的人，富贵时看他结交什么样的朋友，显达时看他举荐什么样的人才，穷困时考察他不做什么样的事，贫贱时观察他不取什么样的东西，观察清楚这五个方面，就足以决定宰相的人选了，何需问我李克呢？"

魏文侯说："先生请回府吧，宰相人选我已经决定了。"

李克低头快步离开，造访了翟璜的府邸。翟璜问："听说今日国君召唤先生前去询问选谁为国相，结果是谁呢？"

李克说："是魏成。"

翟璜听到后气得变了脸色，说："西河的郡守吴起是我举荐的。君主对内所忧虑的是邺县，我举荐了西门豹去

治理。君主计划攻伐中山国，我举荐了乐羊统率军队。攻克中山国之后，无人镇守，我举荐了先生您。君主的儿子没有老师，我举荐了屈侯鲋。就凭这些，我哪一点比不上魏成子？"

李克说："先生您把我推荐给君主的目的，难道是为了结党营私谋求做大官吗？君主问选谁为相，我回答说要考察人的五个方面。我之所以知道君主会选魏成做相国，是因为魏成虽俸禄优厚，但是十分之九用在外边，只有十分之一用于家室之内，因此从东方得到了卜子夏、田子方、段干木三人。这三个人，君主都尊他们为老师。而您所推荐的五个人，君主都任用他们为臣子。所以您怎么能跟魏成子相比呢？"

翟璜听罢恭敬地向李克拜了又拜，说："我翟璜是个浅薄的人，说话很不得当。我愿终身做您的弟子。"

本则故事中李克提出的"五观法"（或"五视法"）是著名的观人识人的方法。

观察一个人平时亲近什么样的人，富贵时结交什么样的朋友，可以判断出一个人的道德标准和价值取向。亲近德行高尚、造诣深厚之人是有德有志，富贵之后不忘故旧是有情有义。所亲近的人会对一个人产生潜移默化的影响。《孔子家语》中记载，孔子说，我过世后，子夏（即卜子夏）的德行会与日增进，而子贡的德行则会日渐减损。孔子的弟子曾子就问是何缘故？孔子说，因为子夏喜欢和比自己贤德的人相处，而子贡则恰恰相反，喜欢和不如自己的人交往。与善良的人交往，就如同进入种植着芝兰的房间，时间久了，闻不到它的香气，因为你已被这种香气同化了；和不善的人交往，就如同进了卖鲍鱼的店铺，一开始觉得腥臭难闻，但时间长了，也就闻不到了，因为被臭味同化了。因此，结交亲近什么样的人是非常重要的。

观察一个人显达时举荐什么样的人才，可以判断出一个人的胸怀和操守。《新序》记载，晋平公经过埋葬晋国的卿大夫的墓地时，叹息地说："唉！这块土地埋葬着我们晋国诸多良臣，如果能让这些死去的人再活过来，我应该带哪位一起回去呢？"这时，晋平公的臣子叔向回答说："应该是赵武。"晋平公问为什么呢。叔向便对晋平公谈起了赵武的为人，"赵武体格弱小，也不善言辞，但是他亲身举荐的贫寒之士有四十六人，赵武荐贤是一心为国，而不是为了一己之私而施惠于人。因此，赵武是位贤德的人。"晋平公认为叔向说得很好。因此，观察一个人显达时举荐什么样的人，可以看出这个人是一心为公，还是结党营私，是唯贤是举，还是唯利是举。

观察一个人穷困时不做什么样的事，贫贱时不取什么样的东西，可以看出一个人的道德操守。例如前文中提到的吴隐之、鲁恭，以及后文中将要讲到的范仲淹，他们在贫贱之时，不该取的坚决不取，不该受的坚决不受，做到了《孟子》中说的："富贵不能淫，贫贱不能移，威武不能屈。"是真正的大丈夫。

通过李克教给魏文侯的"五观法"，魏文侯自然就对选谁为相做出了判断，不需李克进一步明言。

翟璜所推荐的五个人都是能臣，比如吴起，通晓兵家、法家、儒家三家，在内政军事上成就很高，著有《吴子兵法》传世，与兵圣孙武并称"孙吴"。又如西门豹，治理邺县，破除迷信、兴修水利，使邺地又重新繁荣。李克本人也是由翟璜所举荐。但魏成子所举荐的三个人更厉害，他们不是简单的贤能之臣，而是当时名扬天下的人物。卜子夏是"孔门七十二贤"之一，名列"孔门十哲"。田子方、段干木都是卜子夏的弟子。魏文侯尊这三人为师。李克认为"为师者"要高于"为臣者"，因为给人以教导是在指明前进的方向。假如前进方向不正确，又无人来纠正，那么越能办事，就会在偏离正确的道路上走得越远。

《韩诗外传》中把可以辅佐君主的人分为几类：智慧如源泉永不竭尽，可以学为人师，行为世范者，是人师；智慧可以磨砺人，言行可以斧正人，是人友；恪尽职守、依法行事的人，是人吏；一味迎合，唯唯诺诺的人，是人隶，如同奴隶一样。上等的君主以师为辅佐，中等的君主以友为辅佐，下等的君主以吏为辅佐，使国家危亡的君主以隶为辅佐。由此也可以看出，"人师"是最高等辅佐君主的臣子。所举荐的贤才的高度，反映了举荐人的水平。从这个角度讲，魏成子确实在翟璜之上。任用贤才的程度决定了能够成就怎样的功业。魏文侯在位期间选贤任能，虚心纳谏，内修德政，外治武功，使魏国一跃成为中原的霸主，开创了魏国百年的霸业。

在举荐人才之前，除对人才进行观察之外，有时还需要进行必要的考察。《国语·晋语五》曾记载了赵盾考察韩厥能否胜任的故事。赵盾是晋国的执政卿，他向晋国的国君晋灵公（前620年—前607年在位）举荐了韩厥担任司马。赵盾想进一步考察韩厥能否胜任，便使人故意违反军纪，而韩厥没有因为此人是赵盾的属下就网开一面，也没有因为自己刚被赵盾举荐就讨好上司，而是将此人依军法处置。赵盾召见了韩厥并礼遇他说："我听说侍奉君主的人应做到精诚团结，不结党营私。关系亲近但恪守大义，叫作比；行为出于私利，叫作党。在军事行动中，宁死都不能违犯军纪。触犯了军纪不徇私隐瞒，这是义，也就是公而无私。我把你举荐给国君，怕的就是你难以胜任。因此我故意通过这件事来观察你。希望你能勉力而行，守住你公正无私的心志。倘若你能依照处理今日之事而一直做下去，那么将来掌管晋国政事的，就非你莫属了。"赵盾进而又对诸位大夫说："诸位可以祝贺我了！我举荐的韩厥是完全合适的，现在我知道，我不会获罪于朝廷了。"

故事中，赵盾知道自己所举之人名副其实后，对诸位大夫说"免于罪"，可谓意味深长。如果所举之人给国家带来危害甚至灾难，一方面，举荐人会因不慎举而获罪于朝廷，另一方面，在灾难中自己恐怕也难以独善其身。这也凸显了在荐贤之前对举荐人进行考察的必要性。赵盾在论述"比而不党"后，勉励韩厥要守住公正无私的心志，并展望了他日后的发展。韩厥后来确实如赵盾所言，在晋悼公（前573年—前558年在位）时为晋国八卿之首，执掌晋国国政。战国时期，韩厥的后人建立了韩国，韩厥成为

韩国

　　春秋末期，晋国被韩、赵、魏三家瓜分。前403年，周威烈王任命韩虔、赵籍、魏斯为诸侯，韩国、赵国、魏国成立。

韩国的先祖。

　　无论是翟璜举荐李克，还是赵盾举荐韩厥，他们都是一心为公。一心为公的臣子，心守共同的大义，精诚团结，亲密合作，恪守大义，同行于"道"，这是君子之交。心有偏私的臣子则恰恰相反，所偏私者，无非钱权二字，为了利益而结党。殊不知，"以利相交，利尽而交疏；以势相交，势倾而交绝"。北宋欧阳修在《朋党论》中讲到，君子所守持的是道义，所践行的是忠信，所珍惜的是名节，用这些来修身，就能因同道而行而相互协助。如果以此来为国效力，就能因有共同的志向而一起完成使命，这就是君子之间所结成的朋友。因此一位君主只有罢黜小人，重用君子，天下才能得到大治。

　　中国古代察人的智慧和方法非常丰富。《吕氏春秋·论人》中有"六验法"：使一个人喜悦，以查验他的操守；使一个人欢乐，以查验他的隐僻的行为；使一个人愤怒，以查验他的度量；使一个人恐惧，以查验他在独处时的德行；使一个人悲痛，以查验他的仁心，因为仁人见到令人悲痛之事会不忍心；使一个人困苦，以查验他的心志。又如《六韬》中有"八征法"：一是用言语诘问，观察他们的说辞是否有理有据、有逻辑性，以此判断是否思路清晰、头脑冷静。二是使其言辞困窘，观察他们的应变。三是对他们进行反间，观察他们的忠诚之心。四是明知事情的来龙去脉，却故意询问，看他们是否有所隐瞒，以此观察他们的德行操守。五是用钱财去役使他们做事，观察他们是否清正廉洁。六是用美色诱惑，观察他们是否意志坚定有节操。七是将困难告知，观察他们担当的勇气。八是使其喝醉，观察他们酒后的仪态，因为一个人平时严谨，但醉酒之后就可能做出邪僻之事。通过这八种验证方法，一个人的贤与不肖也就区别清楚了。

归纳上面几个观人的方法，可以看出，古人是从品德、志向、心态、言语、行为、交际等方面对一个人进行全方位考察的。我们汲取前人的方法和智慧是为了识别人才、选贤举能，而非玩弄权术、钻营取巧。要想真正观察一个人，首先要做到自己心地清净，光滑的镜面和平静的湖水才能准确地映照，所以要用心如镜。如果心有波澜或是用心不平，那就像是泛起涟漪的湖水，或是凹凸不平的哈哈镜，对人和事的评判便会有偏差，甚至会"以小人之心度君子之腹"。所以，要想观人准确，首先还要提升自身的修养。

举贤：
外举不避仇，内举不失亲

历史记载

祁奚请老[1]，晋侯问嗣[2]焉。称解狐，其仇[3]也，将立[4]之而卒；又问焉，对曰："午[5]也可。"于是[6]羊舌职死矣，晋侯曰："孰可以代之？"对曰："赤[7]也可。"于是使祁午为中军尉，羊舌赤佐之。

君子谓："祁奚于是能举善矣。称其仇，不为谄。立其子，不为比[8]。举其偏[9]，不为党。能举善也夫！唯

---

①老：告老退休。
②嗣：继任者。
③仇：相互挟怨。这里指祁奚和解狐之间有怨仇。
④立：通"位"。立之，给予官职。
⑤午：祁午，祁奚之子。
⑥于是：于此时。
⑦赤：指羊舌赤，羊舌职之子。
⑧比：亲密。
⑨偏：部属。

善，故能举其类。"

——《左传·襄公三年》

　　本则故事选自《左传·襄公三年》。祁奚荐贤，外举不避仇，内举不失亲，从中可以看出古人唯贤是举的胸襟与坦荡。

　　公元前570年，晋国的祁奚因为年老，请求辞去职务。祁奚当时担任晋国的中军尉。晋悼公（前573年—前558年在位）问他，谁能接替他的职务。祁奚举荐了解狐，而祁奚和解狐之间是有怨仇的。晋悼公正准备让解狐接替祁奚的位置，解狐却去世了。晋悼公又问祁奚，谁可以接替他。祁奚回答说："祁午可以胜任。"而祁

《左传·襄公三年》

　　《左传》又称《春秋左氏传》或者《左氏春秋》，相传为左丘明所著，是为《春秋》所做的传（即注解），记载了鲁隐公元年（前722年）至鲁哀公二十七年（前468年）间周王室及诸侯列国的历史。《襄公三年》记录的是鲁襄公三年（前570年）这一年所发生的历史。

午是祁奚的儿子。这时，担任中军尉副职的羊舌职去世了。晋悼公问祁奚谁可以接替。祁奚回答："羊舌赤可以胜任。"而羊舌赤是羊舌职的儿子。于是晋悼公任命祁午为中军尉，羊舌赤为副职，也就是祁午和羊舌赤各自继承了他们父亲的职位。

祁奚在举荐人才这件事情上能够做到唯贤德是举。推举对他有怨仇的人，不是为了向他献媚讨好；推荐自己的儿子，不是因为祁奚有偏私；推举部下的儿子，也不是为了结党营私。唯有贤德之人，才能够推举其同类之人。

从上面的故事看出，祁奚举荐人才的原则是唯贤是举，不因对方与自己有怨仇而不举荐，也不因是自己的儿子或下属就刻意回避。无偏私，不结党，不谄媚，只要对方是贤德之人，能够胜任，便举荐出来，真正做到了"外举不避仇，内举不失亲"。祁奚荐贤如此，全因自己就是一位贤德之人，一位忠于国家的社稷之臣，在举荐人才时，心中只有江山社稷，完全出于一片公心。如此的贤人，以身观身，自然会发现与自己有相同志向的人，从而举荐出来。

下面就以解狐为例，看看祁奚所举荐的人是不是同样具有公心。《韩非子》中记载了解狐荐贤的故事。解

《韩非子》

《韩非子》是战国时期法家代表人物韩非的著作总集。

狐和邢伯柳素有怨仇。一天，赵简子（赵国大夫）问解狐："谁可以当上党的地方官？"解狐回答："邢伯柳可以。"赵简子就问："这个人不是和你有怨仇吗？"解狐回答："我听说一个忠臣，在举荐贤才时不回避自己的仇人，废黜不肖之人时也不偏袒自己的亲友。"赵简子听后对解狐很赞叹，就任命邢伯柳为上党的地方官。后来邢伯柳知道了这件事，就去见解狐表示感谢。解狐说："我举荐你是出于公心，因为你能胜任这一官职。我怨恨你，是因为我们之间有私仇。这是两回事情。"可见解狐有一颗公心，能从国家社稷发出，不因一己之私而耽误了国家的贤才。

祁奚不仅为国家举荐贤才，而且为国家保护贤才。下面《左传·襄公二十一年》的故事，更加清晰地展现了祁奚的大忠、大智和大勇。

公元前552年，晋大夫栾盈因晋国权臣范宣子（士匄gài）的驱逐而逃亡去了楚国。范宣子杀死了栾盈的同党羊舌虎，囚禁了羊舌虎的兄长叔向。叔向此时为太傅。叔向因其弟弟羊舌虎为栾盈同党而身陷囹圄，有人讥讽叔向不会明哲保身，叔向对此却悠然淡定。这时，一位奸佞之臣乐王鲋前来探望叔向。为拉拢叔向，乐王鲋表示愿为叔向去向晋平公请求免罪。乐王鲋是在晋平公面前说话无不照准的一位宠臣，然而叔向对此等小人的虚情假意岿然不动，乐王鲋来时既不施礼，走时也不相送。

　　叔向内心是非分明，明辨君子小人，他坚定地说："必定是祁大夫来救我。"叔向所说的祁大夫，就是祁奚。当叔向坚定地说出这句话时，祁奚已经第二次告老，不在朝中了。叔向能有如此的判断，说明他对祁奚的为人完全了解，而且充分信任。叔向说，襄公三年（前570年）时，祁大夫荐贤，外举不避仇，内举不避亲，现在，他怎么会置我于不顾呢？他老人家是正直无私、一心为公的人啊！叔向坚信祁奚一定会来救自己。

　　果然，此时的祁奚虽然已经还乡，但听说这件事后，立马乘上驿站的传车前来拜见范宣子。他不顾年迈，不惧颠簸，乘驿站的车马，就是为了能够快速到达晋国的都城，唯恐救人不及时。祁奚对范宣子说："《诗经》中说：'对社稷百姓的恩惠无边，子孙会永远保有它。'

《尚书》中说："圣哲的谋略功勋，是可以用来保国安民的。'有谋略且很少犯过失，教导百姓不知疲倦，叔向就是这样的人。他是国家的柱石，是安固社稷所倚赖的臣子。纵使是他十世的子孙有罪过，也要宽恕赦免，以此来鼓励贤能之人为国家做贡献。现在却因他弟弟羊舌虎这一人一事而使他不能免于身难，杀了叔向这样的社稷之臣，不是很糊涂吗？"

接着，祁奚继续劝谏说，"鲧（gǔn）因治水不力被舜流放到羽山并死在那里，舜起用鲧的儿子禹治水成

《诗经》

《诗经》是"六经"之一，辑录了西周初年到春秋中叶500多年的诗歌，现存305篇，分为《风》《雅》《颂》。《风》是各诸侯国的地方民歌。《雅》即正声雅乐，宫廷宴饮或朝会时的乐歌。《颂》是用于宗庙祭祀的乐歌。

《尚书》

《尚书》是"六经"之一，我国最早的一部历史文献汇编，内容为虞、夏、商、周各代的重要史实、君臣谋略、臣子谏言、君主的命令、勉励、训诫之言等。

功，由此夏朝兴起。（这是不因父亲的罪过而废黜他的儿子。）商汤之孙太甲继位后荒淫无度，商汤国相伊尹把他放逐到桐宫。在那里，太甲真心悔过、痛改前非。伊尹使之复位并辅佐他，太甲始终无怨恨之色。（伊尹是商朝的开国元勋，三朝元老，也是太甲的老师。这是君臣之间不相怨恨。）管叔、蔡叔背叛周室助殷朝遗民谋乱，周公平定叛乱，并仍然辅佐周成王。（周公与管叔、蔡叔是兄弟。这是兄弟之罪不相牵连。）现在怎能仅仅因叔向的弟弟是栾盈的同党，就囚禁了叔向这样的社稷之臣，置国家的利益而不顾呢？"范宣子接受了祁奚的意见，与祁奚同乘一车，去向晋平公进言，赦免了叔向。

　　故事最精彩的部分是结尾。叔向被赦免后，祁奚没有去见叔向就回去了。叔向也没有去向祁奚道谢，就去上朝了。

　　他们两个，一个不求谢，一个不道谢，境界之高，令人惊叹敬仰。达到如此的境界，全因祁奚和叔向相互了解对方的为人与德行，知人者智，自知者明，深知自己和对方都是一心为公、正直无私，也深知自己和对方想的都是社稷和百姓。

　　叔向不应不拜乐王鲋，以此来回绝小人；不告不谢祁大夫，径直上朝，以此来待君子。这表明，叔向知道什么是报答祁奚最好的方式。公恩不必私门谢。叔向以报效国家来回报祁奚的大恩大德，是以公报德最极致的方式。

祁奚救人是尽忠臣的本分，是为了国家社稷着想，不是对叔向有偏私，所以事前不见叔向而请，事后不见叔向而归。他只有对国家的忠心，对百姓的仁心，毫无对自己的私心。无私才能无畏，无畏才敢担当。祁奚本已告老，却仍然不忘社稷百姓，不忘忠臣良相。他不顾年老体迈，不顾奔波之苦，也要为国家保留社稷之臣。要知道因为"栾盈出奔楚"这件事，晋国一共有5位大夫逃亡，10位被杀，3位被囚。如若没有大忠大勇，没有高超的劝谏智慧，是无法行此救人之事的。《新序》中说："圣人以天下为度。"祁奚与叔向都是胸怀天下、心系苍生的人，所思所想，所作所为，都是以天下为出发点，这是"同声相应，同气相求"。他们是志同道合、相互理解的人，他们之间是以道义相交，是君子之交。《说苑·尊贤》中说："声同则处异而相应，德合则未见而相亲。"声气相同，即使身处异处，也会同频共振；德行相合，即使从未谋面，也会互敬相亲。"以道相交，天荒而地老；以德相交，地久而天长。"

让 贤：
让贤之风盛，晋国所以兴

历史记载

文公问元帅于赵衰，对曰："郤縠可，行年五十矣，守学弥惇。夫先王之法志，德义之府也。夫德义，生民之本也。能惇笃者，不忘百姓也。请使郤縠。"公从之。

公使赵衰为卿，辞曰："栾枝贞慎，先轸有谋，胥臣多闻，皆可以为辅佐，臣弗若也。"乃使栾枝将下军，先轸佐之。取五鹿，先轸之谋也。郤縠卒，使先轸代之，胥臣佐下军。

公使原季①为卿，辞曰："夫三德②者，偃③之出也。以德纪民，其章大矣，不可废也。"使狐偃为卿，辞曰："毛④之智，贤于臣，其齿又长。毛也不在位，不敢闻命。"乃使狐毛将上军，狐偃佐之。

---

①原季：即赵衰。
②三德：指勤王示义、伐原示信、大蒐示礼。
③偃：狐偃，即下文子犯。
④毛：狐毛，狐偃之兄。

狐毛卒，使赵衰代之，辞曰："城濮之役，先且居[1]之佐军也善，军伐[2]有赏，善君有赏，能其官有赏。且居有三赏，不可废也。且臣之伦，箕郑、胥婴、先都在。"乃使先且居将上军。

公曰："赵衰三让。其所让，皆社稷之卫也。废让，是废德也。"以赵衰之故，蒐[3]于清原，作五军。使赵衰将新上军，箕郑佐之；胥婴将新下军，先都佐之。

子犯卒，蒲城伯请佐，公曰："夫赵衰三让不失义。让，推贤也。义，广德也。德广贤至，又何患矣。请令衰也从子。"乃使赵衰佐新上军[4]。

——《国语·晋语四》

本则故事的主题是让贤，这似乎与崇尚竞争的现代社会格格不入。其实查析历史便不难得出让贤与国家兴盛息息相关的结论。有史评说，让贤是春秋时期的晋国之所以

①先且居：先轸之子，即下文蒲城伯。
②伐：功勋。
③蒐：同"搜"。指通过田猎习武振兵。四时阅兵各有特定的名称：春蒐、夏苗、秋狝（xiǎn）、冬狩。
④佐新上军："新"为衍文。赵衰原为新上军之将，此次升为上军之佐。

《国语》

　　《国语》记录了西周末年及春秋时期，周王室及鲁、齐、晋、郑、楚、吴、越7个诸侯国的史事。其中以《晋语》最详。

中军将

　　晋国有上、中、下三军，各军由将（或帅）和佐统领，佐即副职。三军之中，中军为尊，上军次之。因此，中军将又是三军最高统帅。晋国六卿排名依次是中军将、中军佐、上军将、上军佐、下军将、下军佐。

兴盛的原因。本则故事选自《国语·晋语四》，展现了晋国赵衰三次让贤的义举。

　　晋文公向赵衰（cuī）询问，谁适合当晋国的中军将。赵衰回答："郤縠（xì hú）可以。他已经五十岁了，还在坚持学习，而且学习的志向更加笃厚了。先王的法典是道德信义的宝库。道德和信义，是教育人民的根本。道德信义笃实醇厚的人，是不会忘记民众的。请让郤縠担任此职。"晋文公采纳了赵衰的建议。

　　晋文公又命赵衰担任下军将。赵衰推辞说："栾枝正

直谨慎，先轸（zhěn）足智多谋，胥臣（胥音xū）见多识广，都可以担任辅佐一职，我不如他们。"于是晋文公就任命栾枝统帅下军，先轸为副将。后来攻取五鹿，用的便是先轸的计谋。郤縠死后，又派先轸接替郤縠任中军将，由胥臣担任下军副将接替先轸。

晋文公又命赵衰担任上军将。赵衰推辞说："尽心竭力事君以展示义、攻伐原（在今河南省济源市）以展示信、阅兵以展示礼，显示这三大德行的事都是狐偃的计谋。用道德来治理民众成效显著，不可废弃。"文公便任命狐偃为上军将。狐偃推辞说："狐毛的智慧超过我，而且年龄又长。狐毛如果不在位，我也不敢接受任命。"文公于是派狐毛统帅上军，狐偃为副将。

狐毛死后，晋文公派赵衰接替他统帅上军。赵衰又推辞说："在城濮之战中，先轸的儿子先且居担任辅佐，干得很好，有军功的应该得到奖赏，以道义事君的应该得到奖赏，尽职尽责且无纰漏的应该得到奖赏。先且居这三项都具备，这是不可以废弃的。而且我这一辈的人，箕郑、胥婴、先都这三人还都没有晋升，我怎敢受命？"于是，晋文公就任命先且居为上军将。

晋文公说："赵衰三次让贤，他所推举的都是捍卫国

五军

晋国原有上、中、下三军，现增加新上军、新下军，即为五军。下军将、佐之后分别是新上军将、佐和新下军将、佐。此时晋国为十卿。

家社稷得力的将才。如果废弃了礼让，那就如同废弃了道德。"因为赵衰的缘故，晋文公特意在清原举行阅兵，把原来的三军扩充为五军，任命赵衰担任新上军将，箕郑为副将；胥婴担任新下军将，先都为副将。

狐偃死后，先且居向晋文公请求委派副将。文公说："赵衰三次让贤，所举荐的贤才都很合适。让贤，是为了推举贤才。大义，是为了增益德行。德行广大，群贤毕至，还有什么可忧虑的呢！就请让赵衰跟随你，做你的副将吧。"于是，晋文公便派赵衰担任上军佐。

在这个故事中，一共出现了11位贤才，除去赵衰本人以及狐偃举荐的狐毛，剩下的9位，郤縠、栾枝、先轸、胥臣、狐偃、先且居、箕郑、胥婴、先都，都是赵衰通过荐贤或让贤举荐出来的。这些人的才能都得到了晋文公的肯定。赵衰一人让贤，使众多贤臣居于上卿之

位，不仅使晋国国富兵强，而且在众多贤臣的辅佐下，
晋文公也得以称霸天下，成为春秋时期第二位称霸的霸
主。

后来，本则故事中的贤臣的后代，以及晋国其他的
诸位贤臣，继续上演着让贤的故事，让贤之风在晋国代
代相传。

公元前564年，秦国国君派人向楚国请求出兵攻打晋
国，楚国的宰相不同意出兵，认为目前楚国无法与晋国争
雄，原因就是当时晋国的国君能够任人唯贤，诸位卿士也
都能够互相谦让，对胜于自己的人尊敬有礼。楚国的宰相
认为，晋国的人事安排体现出晋国国君贤明，臣下忠诚，
位尊之人互相礼让，位卑之人争相效力，此时晋国是无敌
的，因此楚国不可与晋国对抗。

到了公元前560年，晋国的将帅中有两位去世，因此
晋悼公再次任命军队统帅。在这次任命中，更是上演了
一人让贤、其下皆让的故事。当时，晋国的中军帅（即
上卿之首）去世，按照序列当晋升范宣子，但是范宣子
让给了年长的荀偃。范宣子谦让中军帅，诸位将佐在接
下来的任命中也都效法谦让的善行。有德行者自会让
贤，即使德行稍差，但在示范效应的影响下，也会畏惧

于礼让的德风，不敢违背让贤的善举。通过一系列的让贤与任命，晋国再次合理安排了将帅的位次。在晋国，领导者能够相互谦让礼敬，百姓自然会感受到这种和睦的气氛，晋国因此而太平，数世都蒙受利益。这就是晋国之所以昌盛兴旺的原因。

与"让"相对的是"争"。为何古人提倡"让"而不提倡"争"呢？因为"争"往往无法选出最上等的人才。《晏子春秋》记载，晏子将人才分为三等：上等的贤德之人最难出仕为官，而且出仕之后，也最容易退出；中等的人才容易出来做官，但也容易退出；下等的人才，最容易出来做官，但却是很难被罢退的。这是因为，贤德之人心之所在，只是江山社稷、黎民百姓，他们毫无私利，不计功名，出仕是为了道义，为辅佐君主，使社会安定、人民幸福。如果君主不贤明，这些贤德之人就难于被举荐了，纵使被举荐，出来做官也难以发挥作用，因此容易退出官场。这类贤德之人，要有贤明的君主诚心礼请，就像刘备三顾茅庐请诸葛亮出山一样。相反，下等的人才就不一样了。这类人裹挟私心，只要能争得一官半职，就会把住不放，因为能为自己带来利益，怎么会轻易退出？因此，竞争的最好结果，不过是使中等的人才在位而已，存在人才遗漏的问题。此外，争还容易引发对立。如果在竞争的过程中不能有效地克制私欲，就容易与竞争对手产生对立。如果对立不能及时化解，反而进一步加剧，就可能会自赞毁他，引发斗争。通过这种方式选出的领导者，也容易用对立的方式处理问题，导致"上下无礼，乱虐并生"的局面。因此，古人提倡要让，并教导要选任推让最多、能够荐贤之人。没有私心，不怕贤人取代或超越自己的人，才能荐贤。能否荐贤也成为评价官员政绩的标准之一。

在中国的官员选拔中，一定程度上也有竞争上岗的选人方式，但中国的竞争上岗完全不同于通过演讲竞选。首先是竞争的方式完全不同。中国的竞争上岗更类似于公开选拔。凡是符合竞聘条件的人通过公开的报名程序，参与笔试、面试、民主测评、组织考察等环节，最终确定合适的人选。这样的竞争程序可以避免在竞争过程中出现的以言取人的弊端。其次，竞争的岗位也不同。中国竞争上岗的岗位多为中低层干部或专业技术人员，通过公开公平竞争的方式，将素质最优的人选拔出来。而位置较高的领导者则需要更多工作经验的积累以及高瞻远瞩的战略眼光，如果采用演讲投票的方式来竞争，就有可能将毫无从政经验的人选拔在领导岗位，其负面影响不言而喻。就像古人所说，竞争的方式无法选出最优秀的人才，而且还会出现不利于单位内部团结、上下级管理无序等问题。

　　针对实践中存在的偏差和问题，党的十八大以来，党中央及时对竞争性选拔干部进行了规范和完善。现在在实际工作中，公开选拔和竞争上岗开展较少，使用范围也较小，这就使干部不必再对票数和分数产生纠结，而是专心于工作和自身修养的提升。此外，党组织在干部选拔任用过程中的领导和把关作用也进一步增强。这些调整无论是在理论上还是实践中，都更加符合逻辑，更加合理，更有利于将优秀的人才选拔出来。

察举：
进贤受上赏，蔽贤蒙显戮

　　元朔元年冬十一月，诏曰："公卿大夫，所使总方略，壹统类，广教化，美风俗也。夫本仁祖义，褒德禄贤，劝善刑暴，五帝三王所繇①昌也。朕夙兴夜寐，嘉②与宇内之士臻于斯路。故旅耆老③，复孝敬，选豪俊，讲文学，稽参政事，祈进民心，深诏执事，兴廉举孝，庶几成风，绍休圣绪④。夫十室之邑，必有忠信；三人并行，厥有我师。今或至阖郡而不荐一人，是化不下究，而积行之君子雍于上闻⑤也。二千石官长纪纲人伦，将何以佐朕烛幽隐，劝元元⑥，厉蒸庶⑦，崇乡党之训哉？且进贤受

①繇：同"由"。
②嘉：乐。
③旅耆老：给老年人施加恩惠。耆，音qí。
④绍休圣绪：绍，继承。休，美。绪，功业。
⑤雍于上闻：不得闻达于天子。雍，通"壅"。
⑥元元：平民，百姓。
⑦蒸庶：民众，百姓。

上赏，蔽贤蒙显戮，古之道也。其与中二千石、礼官、博士议不举者罪。"

有司奏议曰："古者，诸侯贡士，壹适谓之好德，再适谓之贤贤，三适谓之有功，乃加九锡①；不贡士，壹则黜爵，再则黜地，三而黜爵地毕矣。夫附下罔上者死，附上罔下者刑；与闻国政而无益于民者斥，在上位而不能进贤者退，此所以劝善黜恶也。今诏书昭先帝圣绪，令二千石举孝廉，所以化元元，移风易俗也。不举孝，不奉诏，当以不敬论。不察廉，不胜任也，当免。"奏可。

——《汉书·武帝纪》

中国历史上出现过多种选贤举能的制度，察举和科举是其中两种重要的选人制度，本则和下则故事就分别讨论这两种制度。

察举制正式成为一种选人制度是在西汉时期（前202年—8年）。察举又分为举贤良方正、举孝廉、举直言、

①九锡：古代天子赐给诸侯、大臣的九种器物，是一种最高礼遇。

举茂才

　　举茂才即举秀才。东汉时为避讳汉光武帝刘秀的名，将秀才改为茂才。

举文学、举茂才等诸科。"举贤良方正"即举荐德行高尚志节清白之人，"举孝廉"即举荐孝敬父母行为清廉之人，"举直言"即举荐能直言极谏之人，"举文学"即举荐博通经史之人，"举茂才"即举荐才能出众之人。察举制在汉武帝后逐渐制度化，包含自下而上的举荐和自上而下的考察，在乡党之间观察德行，在官职之上考察能力，有政绩者再察选至中央，做进一步任用。其中，"孝廉"和"茂才"属于岁举，定期举办。"贤良方正""直言"等属于特举，不定期举办，每有新皇帝继位，或遇大灾，如荒年、水旱、地动、瘟疫等，或是有异常天象时，皇帝便会下诏，除赈灾减赋外，还会令地方举荐贤良、方正、能直言极谏之人。例如，《史记·孝文本纪》记载，汉文帝二年（前178年）11月最后一日发生日食，12月15日又发生日食。日食在古代被认为是一种异常的天象。出现日食，君主往往会反省自身的德行修养是否有缺失，政事是否有失公允。异常的现象连续发生后，汉文帝立刻自我反省，并下诏说："我听说上天生下万民，为他们设立君主来养育治理他们。君主不贤德，执政不公平，上天就会显示灾异，来惩戒君主治理不当。11月最后一天出现日食，这是上天表示谴责。我得以承继帝业，以渺小之躯依托于万民和诸侯王之上，天下的治乱，在于我一人，几位执政大臣好比是我的左膀右臂。我对下不能治理养育万民，对上有损于日月星辰的光明，我的德行缺失实在太大了。诏令下达后，大家都要考虑我的过失以及我的知识、见识和考虑问题的不足之处，希望能告诉我。还要推举贤良方正、能直言力谏的人，来匡正我的不足。"

　　我们在前面故事中已经了解了"天人感应"一词。在古人看来，天人之间有一种自然感应的关系。天象的变化不是纯粹的自然现象，而是和人事得失、施政得失有着密切的联系。这种"天人感应"后来被董仲舒发展为"天人合一"的理念。自然环境及其中的万事万物都是和谐一体的关系，人与自然环境之间也存在着一种互动的关系。因此，通过观察自然环境的变化，能够知道人事的兴衰变化、人心的善恶。

　　《易经》中说："观乎天文，以察时变；观乎人文，

《易经》

《易经》是"六经"之一，被誉为
"群经之首""大道之源"。"易"的含
义有三，变易、不易和简易。"变易"指
万物在对立统一中不断变化的状态，"不
易"指恒常不变的真理，"简易"指虽然
现象变化莫测，背后的规律却极为简易，
容易被人所知所用。

《汉书》

《汉书》是中国第一部纪传体断代
史，是研究西汉历史的重要史籍，分为
纪、表、志、传。

以化成天下。""天文"指天象，包括恒星、行星、彗
星、云气、日食、月食，等等。天象是自然界变化的现
象。古人通过观察天文，发现自然现象的转变与人文的变
化密切相关。唐朝唐太宗时太史令李淳风在《乾坤变异
录·天部占》中写道："天道是真纯的，是与善为邻的。
行事善，就会契合上天之情，天就会降以吉祥，奖赏人们
的善举。……如果行不善之事，天就会出现灾祸，日蚀月
蚀，不祥的云气，风雨失调，旱涝灾害等，这是上天将凶
德展示于人。"

　　《汉书》中记载了董仲舒向皇帝的进言：国家即将失道或者衰败的时候，上天就先出现灾害来警示这个国家，特别是要警示这个国家的君主；如果还不能自我反省，又会出现怪异现象对他加以警告而使其害怕；如果仍不知改变，那么灾害和摧残就会到来。由此可见，上天之心是爱人君的，想阻止其胡作非为。如果不是太过无道的朝代，上天都想扶持，并且使他的国家保全安定，事情就在于自强自勉罢了。奋发努力钻研学问，见闻就会广博而才智更加高明；努力行道，德政就会一天天兴起而大有功绩，这些都是可以迅速做到而且会立刻见效的方法。人君没有不想使其国家安稳存在的，可是政治混乱、国家危急的情况有很多，什么原因呢？就是因为所任用的不是合适的人，所遵从的也不是正确的治国之道。如果所用的都是奸佞之臣，危害百姓，就会导致阴阳失和，灾祸也就可能发生了。如果不是按照古圣先贤的治国之道来治国理政，这个国家必然治理不好。

　　古代贤明的君主，看到天降反常现象的时候，都反省自己，斋戒沐浴，检查自己政事的过失。清朝官修的唐文总集《全唐文》中记载，唐朝的著名宰相张九龄曾经上了一篇题为《贺太阳不亏状》的奏章。他提到，当时预测的日蚀没有发生，是因为陛下听说有日蚀，精诚地斋戒，对外使刑罚宽松，对内认真修养仁惠的品德，一天比一天谨慎自己的德行，这些灾祸的预兆自然就消除了。

　　察举制对后世产生深远影响的是其中的连带责任制。《汉书·武帝纪》中就记载了有关连带责任的内容——进贤受上赏，蔽贤蒙显戮。

　　元朔元年（前128年）冬11月，汉武帝下诏说："公卿大夫，其任务是制定方针战略，统一纲纪比类，推广政教风化，改善社会风俗。而以仁义为本始，褒扬有德之士，起用贤良之才并赐禄给他们，劝勉从善之风，惩治不法之徒，这是五帝三王之所以昌盛的原因。我早早起身，深夜入睡，乐于和天下有志之士共同走上这条大道。所以给老人以恩惠，优待孝悌之人，选拔豪俊，讲习文学，商议国政事务，祈求能符民望，多次诏令主事官员，提倡并推举孝廉，几至蔚然成风，以继承古圣先王的美业。在十

五帝三王

　　"五帝"指黄帝、颛顼、帝喾、尧、舜。"三王"指夏、商、周开国之君。

室人家的县邑，必有忠信之人；三人并行，其中必有我可以向他学习的老师。而今日全郡之中竟无一贤良被上荐于朝廷，这是朝廷的教行没有下达落实，而具有孝廉之行的君子向上的进言之路被阻塞了。郡中的守尉、县中的令长是维护人伦教化的，如此将何以辅佐我以便于了解下情、教化百姓、勉励民众、推进乡里的教化呢？何况举荐贤士会受到上等的赏赐，遮蔽贤士会受到重罚，这是古代的原则。请中二千石、礼官、博士讨论那些不举荐贤良的郡县官吏应如何治罪。"

专司官吏上书分析说："诸侯向朝廷举荐人才，首次推举的人才得当，则称其喜好有德之人；第二次推举得当，则称其能荐贤；第三次推举人才得当，便称其有功，朝廷对他进行崇高的奖赏。诸侯不向朝廷举荐贤才，第一次贬爵，第二次削地，第三次爵位和土地全部削尽。勾结于下而欺罔君上的人要处死，谄媚于上而欺罔臣民的人要加刑，参与国政而不能造福于民的要弃逐，身居要职而不能进荐贤才的要退位，这就是劝善惩恶的措施。今日诏书要求发扬先代帝王选能举贤的传统，令郡守县令推举孝廉贤才，是为了教化人民、移风易俗。那些对举贤诏令置若罔闻的官吏，当以不遵朝命论处。不能培养与发现贤才，

就是不能胜任其职，应该罢免。"专司官吏的上奏被汉武
帝采纳。

　　正因古人深刻认识到了贤才的难得和可贵，所以才有
了连带责任制。《尸子》一书中也讲道：若能做到举荐贤

者有赏，举荐不肖者要负连带责任，若是没能举贤，便是无能之人，如此一来，人们就会多举荐贤者了。而且，臣子若立大功，便追问谁是举荐人，一同赏赐；若是犯了大过，也同样追问是谁任用了他，连带处罚。这种奖惩和追责机制，把能否荐贤纳入官员的政绩考核，既调动了官员荐贤的积极性，也使官员不敢随便荐举无德之人，同时可以形成进贤退不肖的良好政治风气，因此，这种机制是很值得借鉴的。

察举制中还有一个规定，那就是工商业者不可为官，官人不可经商。要想参加察举，必须"身家清白"。这是因为，商人以谋利为本，官人以谋义为本，官人经商容易公私不分，引发腐败。

早在20世纪80年代末，时任福建省宁德地委书记的习近平在柘荣县调研考察时就提出："如果觉得当干部不合算，可以辞职去经商搞实业，但千万不要既想当官又想发财，利用手中权力谋取私利。"党的十八大以来，习近平总书记多次在不同场合告诫党员干部，"当官就不要发财，发财就不要当官"。"全心全意为人民服务"是中国共产党的根本宗旨，也是共产党人的初心和使命。同样是领导，党的干部与公司老板则完全不同。党的干部的权力是党和人民赋予的，是要用来也只能用来全心全意为人民服务，这是中国共产党的性质和宗旨决定的。党员干部必须坚持情为民所系、权为民所用、利为民所谋，两袖清风、一身正气、廉洁自律、一心为民。因此，《中国共产党纪律处分条例》规定，有公职的党员不得经商。此外，我国现行的《公务员法》也规定，公务员不得从事或参与营利性活动，不得在企业或营利性组织中兼职，这也是对古代必须"身家清白"参加察举这一传统的继承和发扬。

总体来说，察举制是中国历史上具有重要意义的选人制度，其集选拔、考试、任用、考核于一体，为当时社会选拔了众多德才兼备的人才，尤其是这种制度中的连带责任制，多被后世所效仿。

到了东汉（25年—220年）末年，社会动乱，察举制无法实际落实，而且此前已出现徇私舞弊、偏私结党、所举之人徒有虚名等问题。因此，魏晋南北朝兴起了九品中正制，又称九品官人法，即由朝廷指派中正官，一般是由德行和名望皆高之人担任，将地方上的人才，无论是否已经在职，根据其德行、才能和家世定为九个品次，供吏部选用。这种制度的积极意义，就是将察举制中注重的德行

魏晋南北朝

魏晋南北朝，又称三国两晋南北朝，是中国历史上政权更迭最频繁的时期。主要分为三国（曹魏、蜀汉、东吴）（220年—280年）、西晋（266年—316年）、东晋（317年—420年）和南北朝时期。

进行了量化，并且定品时是以德行为先。此外，它还对基层人才进行了普筛和梳理，建立了类似今天人才库一样的档案，相比察举制中按照户籍数目举荐孝廉之人的做法，减少了人才遗漏。因此，九品中正制实际上是察举制走向量化和客观化的产物，是察举制的发展。不过，九品中正制也有其自身的局限和引发的问题，所以后来也被废止。

科　举：
苦读举进士，先忧后乐公

｜历史记载｜

　　公二岁而孤①，母夫人贫，无依，再适②长山朱氏。既长，知其世家，感泣。去之南都，入学舍，扫一室，昼夜讲诵。其起居饮食，人所不堪，而公自刻益苦。居五年，大通"六经"之旨。为文章，论说必本于仁义。

　　公处南都学舍，昼夜苦学，五年未尝解衣就寝。夜或昏怠，辄以水沃面，往往饘粥③不充，日昃④始食。同舍生或馈珍馐⑤，皆拒不受。

　　贬饶州，谢表云："此而为郡，陈优优⑥布政之方；必也立朝，增謇謇匪躬⑦之节。"天下叹公，至诚许国，

---

①孤：少而无父。

②适：女子出嫁。

③饘粥：即稀饭。饘，音zhān。

④日昃：太阳偏西。

⑤馐："膳"的异体字，食物。

⑥优优：和缓宽大。

⑦謇謇匪躬：指为君国而忠直谏诤。謇，音jiǎn。

始终不渝，不以进退易其守也。

公曰："吾遇夜就寝，即自计一日食饮奉养之费，及所为之事。果自奉之费与所为之事相称，则鼾鼻熟寐；或不然，则终夕不能安眠。明日，必求所以称之者。"

公少有大节，其于富贵、贫贱、毁誉、欢戚，不一动其心，而慨然有志于天下，常自诵曰："士当先天下之忧而忧，后天下之乐而乐也。"

——《宋名臣言行录前集·范仲淹文正公》

在中国，考试自古有之。记载周代制度的典籍《周礼·地官·乡大夫》中说："三年则大比，考其德行、道艺，而兴贤者、能者。"意思是，每3年考试一次，考察乡人的德行和技艺，从中选出贤德之人和多才多艺之人，任贤使能。这也是中国可追溯的最早的考试。

真正将考试取人作为一种社会制度固定下来的是科举制。科举，即分科举人。由国家设立不同科目，例如明经科，即对经典的考察，还有策问、算术、地理、法律等科，选拔各专业人才。国家定期举行统一考试，读书人自愿向官府报名。考试后根据成绩选拔人才，委任官吏。

科举制度经历了不同的阶段。其创立于隋朝（581

年—619年），隋炀帝大业二年（606年）开始设立"进士科"，标志着科举制度的确立。科举制发展于唐朝（618年—907年）。唐朝科举考试带有举荐性质，要综合士人的才学、出身、声誉等多个因素来选拔吸纳人才。但这种做法容易使科场为权贵所垄断。科举制完善于宋朝（960年—1279年）。北宋（960年—1127年）将科举改为纯粹的考试，并且进一步规范化、专业化，使竞争更加公平，并固定下了乡试、省试、殿试三级考试制度。在考试的科目上，废除了不能解决实际问题的内容，增加了经义策论，这需要考生理解经义并联系实际，有助于选拔经世致用的人才。此外，还大幅度增加了取士的名额以及考中之后的待遇。

　　科举制的鼎盛时期在明朝（1368年—1644年）。明朝科举较之前代有两大创举。一是"翰林院"。自汉至宋，无论实行何种制度，官员都是从小官做起，有基层执政经验。但明清两代有了翰林院，进士及第后，还要再在中央读3年书，再考试，成绩优异者进入翰林院，之后便可直接当大官。这相当于是将人才根据考试的能力进行了分档，此举可将成绩优异者集中在中央，但无形中也流失了人才，因为考试成绩不佳者，纵使德行和政绩再好，也是

四书五经

"四书"指《大学》《中庸》《论语》《孟子》。"五经"指《易》《书》《诗》《礼》《春秋》。

高升无门。明朝科举的另一创举是"八股文",这是对文章形式的一种要求。各级考试专用"四书五经"命题,考生只能按照宋代程、朱等几家的经义来作答,不允许个人抒发见解。设计这种考试形式的初衷在于统一见解,但无形中使科举制走向了僵化。以考试取人时,考察才能易,考察德行难,加上形式僵化,出现了能熟读经典却不行仁义、贪污腐化的官员。清朝(1636年—1912年)的科举基本是明朝科举的延续。清末光绪三十一年(1905年),科举制被废止。从606年到1905年,科举制始终在动态变化中不断完善。完善制度的目的是为了举拔人才。当一种制度走向僵化,不能再选出合适的人才的时候,就会被历史所淘汰。

科举制能够在中国实行1300年,又在世界范围内产生了深远影响,是因为科举制有其自身的优点。第一,相比之前的选人方式,科举制是从人的主观判断转向通过考试进行客观评判,使选人用人更为公正和公开。第二,科

举制打破了固化的社会阶层，真正为寒门拓开了仕途，使
社会底层人中的优秀者也有机会参与到国家治理当中来，
官僚机构也不断注入新鲜的血液，在相当程度上维护了社
会的稳定。第三，科举考试的内容以儒家经典为主，而经
典之中所记载的是"明明德，亲民，止于至善"的智慧，
记载的是古圣先王的治国之道，以及修身、齐家、治国、
平天下的经验和教训。因此，科举制选出的人才具有高度
的政治和文化素养。第四，以文取人的方式带动了全社会
重视文化教育的风气，推动了人民整体文化水平的提高，
无形中推动了中华文化的传承和延续。中华文明从古至今
绵延不绝，科举制做出了不可磨灭的贡献。第五，参加科
举考试的学子往往要十年寒窗，深入经典，才可能一举成
名。因此，在这样的学习和考试氛围中，形成了中国古代
士人特有的精神品质，即"先天下之忧而忧，后天下之乐
而乐"的政治抱负，"位卑未敢忘忧国""苟利国家生死
以，岂因祸福避趋之"的爱国情怀，"富贵不能淫，贫贱
不能移，威武不能屈"的浩然正气，"人生自古谁无死，
留取丹心照汗青""鞠躬尽瘁，死而后已"的献身精神，
历史上也因此涌现了一大批优秀的人才，对中国历史产生
了积极并且深远的影响。

　　科举制这种通过考试取人的方式是中国历史上一个伟大的创举，甚至有学者将其誉为中国的"第五大发明"。科举制也被中国周边的一些国家如越南、朝鲜、日本所采用。19世纪，科举制中的"平等竞争、择优入仕"被英国文官制度所借鉴，法国、美国等欧美国家也不同程度地吸收了中国考试制度中的优越性。可以说，科举制是中国古代政治文化对世界行政领域做出的重大贡献。

　　20世纪八九十年代，中国又借鉴英美等国家的公务员考试制度，建立了中国当代的公务员考试录用制度。因此，科举制是现今中国公务员考试任用制度的历史渊源。公务员考试任用制度是吸取了中国古代科举制中公平竞争、择优录取的精神，又结合当今中国的时代需要，从而建立起的适应社会发展的制度。在公务员考试制度实行的近30年时间里，经历了从创立，到发展，再到平稳的过程。现在，公务员考试制度依然处在不断完善的过程中，科举制中的精华，如考试的严格性和统一性、考试机构的独立性、人员录用的庄严性等，仍然具有借鉴意义。

　　中国古代通过科举考试选拔出了大批优秀人才，北宋名臣范仲淹就是其中的代表。本则故事从《宋名臣言行录前集·范仲淹文正公》中节选了范仲淹刻苦攻读、精进不

懈、俭以养德、一心为公的精彩片段，又从《宋史·范仲
淹传》中选取了若干有关范仲淹的嘉言懿行，并书于此。

范仲淹，字希文，苏州人，北宋时期著名政治家、军
事家、文学家、教育家。范仲淹儿时家境清寒，生父在其
两岁时病故，母亲无依无靠，再嫁长山朱氏。继父送年少
的范仲淹到邹平醴泉（醴音lǐ）寺学习。当时，范仲淹为
了节省粮食，将稀饭在头一天晚上冻起来，分成四小块，
第二天早晚各吃两块，配以盐和菜末，这就是范公"划粥
断齑（jī）"的故事。尽管如此清贫，但范仲淹决不贪财忘
义，他曾在寺院中意外发现了一坛金子，但他知道这样的
财富坚决不能取，因此又悄悄将金子埋回到树下。后来，
范仲淹做官后，醴泉寺的方丈向范仲淹化缘重修寺院，范
仲淹便告知了树下所埋的金子，后来果然找到了金子。

范仲淹长大后，辞别母亲，来到北宋当时的南京——
应天府，也就是今天的河南商丘南，跟随著名学者戚同文
学习。在常人难以忍受的清苦环境中，他刻苦努力，昼夜
勤学，每当夜晚读书昏沉懈怠时，就用凉水洗脸，以提振
精神。他的饮食极为简单，只是稀饭咸菜，对同学馈赠的
珍馐美味拒不接受，而且常常由于读书而忘记时间，直到
日头偏西才会吃一点东西充饥。5年寒窗苦读后，范仲淹

六经

　　六经，指《诗》《书》《乐》《易》《礼》
《春秋》。后《乐》失传，成为"五经"。

就大抵通达了儒家经典"六经"的要义，写文章时，中心思想也一定是以仁义为本。

　　公元1015年，年仅27岁的范仲淹以其渊博的学识，在科举考试中一举及第，由一介寒儒成为进士，被任命为广德军司理参军，掌管讼狱事宜，从此步入仕途。范仲淹的政治生涯主要在宋仁宗时期，官至参知政事，相当于副宰相。范仲淹文武双全，胆识过人，无论担任什么样的官职，都政绩卓著，深受当地百姓乃至其他民族人民的爱戴。

　　范仲淹在泰州西溪任盐官时，看到唐朝修筑的海堤年久失修，海潮倒灌，百姓受苦，便上书陈述利害，建议沿海筑堤，后带领民众4万多人修堰筑堤，使海滨盐卤之地化为良田，当地人称海堤为"范公堤"，这是我国古代海塘史上的伟大工程之一。

　　范公能文能武，积极防御驻守边关，使西北边疆重现和平。他担任将领时，号令严明，爱抚士卒，边地的羌族人前来，都坦诚接待，毫不怀疑，所以贼寇不敢轻易侵犯边境。范公在政治上崇尚忠实宽厚，所到之处有恩德，这与其年少之时读圣贤书有很大的关系。范公生前，邠、崖两州的百姓与归属的羌族人，都画像建立生祠供奉他。范公去世后，羌族首领几百人，都为他痛哭，犹如失去了父亲一般，斋戒3天才离去。

范公自幼节俭立身，深谙节俭持家、节俭治国的道理。他一生清廉，即使后来身居高位，俸禄优厚，仍始终守持节俭之道。范公节俭的程度甚至常人难以想象。每晚入睡前，他要仔细核算一家人一天的衣食住行的花费是否与自己所做出的贡献相匹配，如果相称就能安然入睡，如果开销不得当，就终夜不能安眠，第二天便务必调整开销使其与贡献相配。范公在生活节俭方面严于律己，严于律家，但在帮助他人时却极为慷慨，乐善好施，受到范公资助的族人、邻里、穷苦的读书人、云游之士、孤弱贫疾之人不计其数。

范公一生直至晚年也没有修建过一座像样的宅第。他60岁时知任杭州，子弟们以为范公有隐退之意，便张罗购置田产以助范公安享晚年，却被范公严词拒绝了。范公说，人有道义之乐时，形骸都可以抛之于外，更何况居室呢？我现在已经年过六旬，来日无多，再去谋划购置宅院有什么意义呢？我所忧患的是身在高位而难以身退，并不忧患身退之后无处居住啊。后来，范公用自己的积蓄在家乡购买良田，成立"义庄"，请人经营，自己分文不取，对范氏远祖的后代子孙，不分亲疏，除已经为官者，都给予口粮或资助。

范公善于识人，特别注重举贤任能。北宋名将狄青还是指挥使（属于下级军官）时，受到范公的器重。范公认为狄青是良将之材，就传授给他《左氏春秋》，并告诫他说，将帅不知古今历史，就只有匹夫之勇。狄青从此改变平素的志行，发奋读书，精通兵法，后成为一代名将。再如，范公在西北驻兵防御西夏人时，遇到一位喜欢谈兵的青年前来求见，范公一看便知此人有才能，能担大事，便劝其读《中庸》。此人就是后来成为"北宋五子"之一的张载，曾写下著名的"横渠四句"："为天地立心，为生民立命，为往圣继绝学，为万世开太平。"又如富弼，年少笃学，为人大度。范公见后认为其有王佐之才，便举

北宋五子

北宋五子，指北宋时五位思想家、哲学家、教育家，他们是周敦颐、邵雍、张载、程颢、程颐。

荐了富弼。富弼从此步入仕途，终成北宋一代名相。

范公忧国忧民，正直不阿，直言陈弊，因此屡遭贬谪。有一次，范公被贬到饶州，这是第三次被贬。宋代官员每到一处履新，都要按照惯例上谢表给朝廷以示忠诚。范公在饶州上谢表时说："此而为郡，陈优优布政之方；必也立朝，增謇謇匪躬之节。"意思是，治理郡县，要温和宽厚，政简刑清；在朝为官，要竭尽忠直之节。天下人赞叹说，范公以至诚忠心为国，始终不变，不会因为自己的晋升或黜退而改变自己的操守。范公3次被贬出京，每次出京时都有人前来践行，分别称赞"此行极光""此行愈光""此行尤光"，即赞叹范公因犯颜直谏而受贬外迁，极其光彩、愈加光彩、尤为光彩，这就是范公"三贬三光"的故事。这种说法既体现了范公的高风亮节，对富贵、贫贱、毁誉、欢戚，无动其心，也是对范公"不以物喜，不以己悲，居庙堂之高则忧其民，处江湖之远则忧其君。是进亦忧，退亦忧"的精神境界的最佳诠释。

范公在年少时就立下了利泽生民、兼济天下的大志，说出了"不为良相，则为良医"的名言，他常念诵的"先天下之忧而忧，后天下之乐而乐"激励着古往今来无数仁人志士奋发向上，为了心中的理想不断奋勇前进。

第四章

任人唯贤

中国在历史上一直是贤能治国。在任贤的实践中，还形成了尊贤、用贤、赏贤、远佞等机制或措施。贤能政治的影响一直持续到今天。中国现行的集体领导制，官员的选拔、晋升、考核、问责等机制，以及人民政治协商会议制度，中国共产党纪检监察制度等，无不体现了贤能政治的智慧和光辉。

辨　贤：
听言宜观事，观事当察行

历史记载

威王初即位以来，不治①，委政卿大夫，九年之间，诸侯并伐，国人不治②。于是威王召即墨大夫而语之曰："自子之居即墨也，毁言日至。然吾使人视即墨，田野辟，民人给③，官无留事④，东方以宁。是子不事⑤吾左右以求誉也。"封之万家。召阿大夫语曰："自子之守阿，誉言日闻。然使使视阿，田野不辟，民贫苦。昔日赵攻甄，子弗能救。卫取薛陵，子弗知。是子以币⑥厚吾左右以求誉也。"是日，烹阿大夫，及左右尝誉者皆并烹之。遂起兵西击赵、卫，败魏于浊泽而围惠王。惠王

---

①不治：不理国政。
②国人不治：百姓不得安宁。
③给：音jǐ，富足。
④留事：积压的政事。
⑤事：奉承。
⑥币：帛。

请献观^①以和解，赵人归我长城。于是齐国震惧，人人不敢饰非，务尽其诚。齐国大治。诸侯闻之，莫敢致兵于齐二十余年。

——《史记·田敬仲完世家》

景公使晏子为东阿宰^②，三年而毁闻于国。景公不说，召而免之。晏子谢曰："婴知婴之过矣，请复治阿，三年而誉必闻于国。"景公不忍，复使治阿，三年而誉闻于国。景公说，召而赏之，辞而不受。景公问其故，对曰："昔者婴之治阿也，筑蹊径^③，急门闾之政^④，而淫民恶之；举俭力孝弟，罚偷寙^⑤，而惰民恶之；决狱不避贵强，而贵强恶之；左右所求，法则予，非法则否，而左右恶之；事贵人体不过礼，而贵人恶之。是以三邪^⑥毁乎

---

①观：音guàn，地名。
②宰：古代官名，相当于主官。
③蹊径：小路。
④急门闾之政：急，重视。门闾之政，指防遏寇盗。
⑤偷寙：苟且懒怠。寙，音yǔ。
⑥三邪：指淫民、惰民、贵强。

外，二谗①毁于内，三年而毁闻乎君也。今臣谨更之，不筑蹊径，而缓门闾之政，而淫民说；不举俭力孝弟，不罚偷窳，而惰民说；决狱阿②贵强，而贵强说；左右所求言诺，而左右说；事贵人体过礼，而贵人说。是以三邪誉乎外，二谗誉乎内，三年而誉闻于君也。昔者婴之所以当诛者宜赏，而今之所以当赏者宜诛，是故不敢受。"景公知晏子贤，乃任以国政。三年而齐大兴。

　　　　　　　　　　——《晏子春秋·内篇杂上》

　　领导者在用人时，一定要分辨出谁是真正的贤才。这两个故事分别取自《史记·田敬仲完世家》和《晏子春秋·杂上》，讲的是观人时听言不如观事，观事不如观行。

　　第一个故事讲到，齐威王即位以来，不理朝政，政事都委任给了卿大夫们。在9年的时间里，各诸侯国同时来讨伐齐国，齐国百姓不得安宁。这时候，齐威王召见即墨县（今山东即墨）的长官，对他说："自从你治理即墨以

---

①二谗：指左右与权贵。
②阿：音ē，偏袒。

齐威王

齐威王（前356年—前320年在位），战国时期齐国（田氏）第4代国君。战国时期，原齐国（姜姓）宰相田和在魏文侯帮助下获周天子承认，列为诸侯，建立"田齐"，史称"田氏代齐"。

来，诽谤的话每天传到我这里。但是我派人到即墨视察，田地开垦，百姓富足，官员没有积压的公事，东部地区因此而安宁。这是先生您不奉承我左右以求得赞扬啊！"于是封赏即墨县大夫万家的食邑。齐威王又召见阿县（今山东东阿）的长官，对他说："自从你治理阿地，赞扬你的话每天都能传到我这里。可是我派使者到阿地视察，田野一片荒芜，百姓贫苦。之前赵军进攻甄城，你未能援救。卫国攻占薛陵，你也不知道。你是用重礼贿赂我的左右才求得赞扬的。"当天，齐威王烹杀了阿地的大夫，连同自己身边曾经称赞过阿地大夫的人也一起烹杀了。随即齐威王发兵向西讨伐赵、卫两国，在浊泽打败了魏军，围困了魏惠王。魏惠王请求献出观地以求和，赵国人也归还了齐国的长城。齐国举国震惊，此后无人敢文过饰非，官员个个尽忠务实，齐国因此大治。诸侯听到后，20多年都不敢

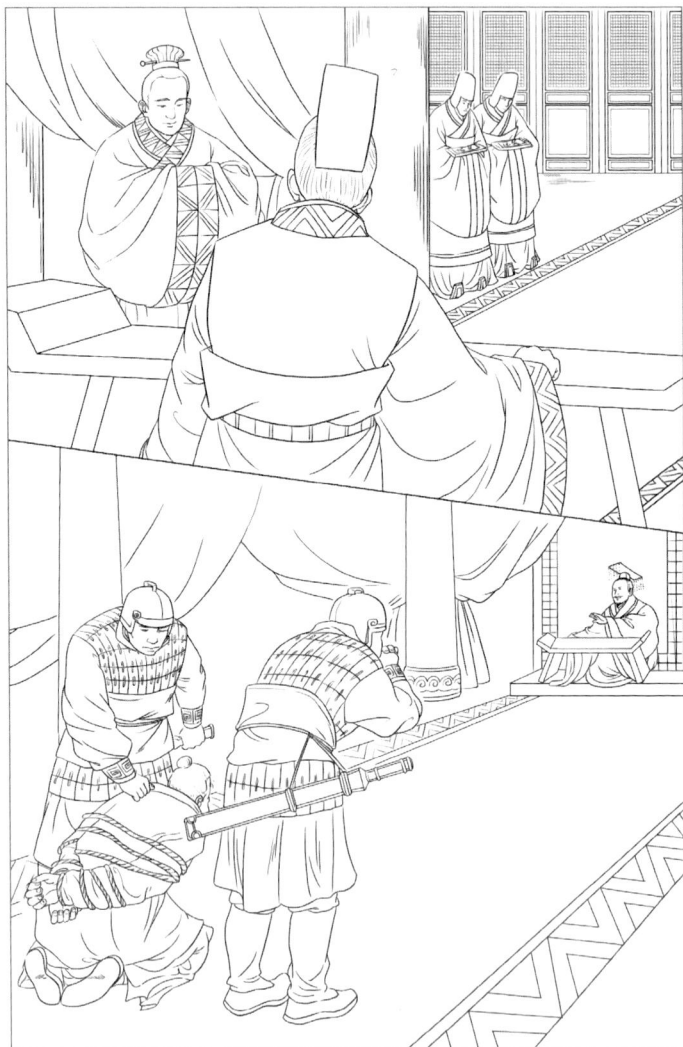

对齐国用兵。

　　第二个故事讲到，齐景公（前547年—前490年在位）委派晏子担任东阿县的主官，过了3年，诋毁晏子的话便传遍全国。齐景公很不高兴，召回了晏子，欲将其罢免。晏子谢罪说："我已知道我的过错了，请允许我再去治理东阿，3年之后，称赞的话必定会传遍全国。"齐景公不忍将其罢免，就又委派他去治理东阿。3年后，赞誉的声音果然传遍全国。景公很高兴，召回晏子要赏赐他，但是晏子推辞不受。景公便问原因。晏子答道："以前我治理东阿的时候，修筑小路，加强里巷门户的防务，因此邪恶的人憎恨我。我提倡节俭勤劳，倡导孝顺父母、尊敬兄长，惩罚苟且懒惰的人，因此懒惰的人怨恨我。我判决诉讼不包庇显贵豪强，因此显贵豪强厌恶我。身边办事的人有所求，合法的我就给予，不合法的就不给，因此身边的人厌恶我。我接待地位显赫之人，不超过规定的礼仪，因此这些显赫之人就厌恶我。于是，三种奸邪之人在外毁谤，两种谗佞之人在内毁谤。3年，这些谗言就传到您的耳边了。如今，我谨慎地改变了做法，停止修筑小路，放松里巷门户的防务，邪恶的人便高兴了。不再推崇生活节俭、辛勤耕作、孝顺父母、尊敬兄长，不惩罚苟且懒惰之人，懒惰之人便高兴了。判决诉讼时偏袒显贵豪强，显贵豪强便高兴了。身边之人有所求，我就全部答应，身边之人就高兴了。接待地位显赫之人，规格超过礼仪的规定，地位显赫之人就高兴了。因此，三种邪恶之人在外称赞，两种谗佞之人在内称赞。3年，赞誉我的声音就传到您的耳边了。以前我受到责备的事情，应该受到奖赏。如今我受到奖赏的事情，应该受到责罚。所以我不敢接受赏赐。"齐景公因此知道晏子是真正的贤臣，便委任晏子主持国政。3年，齐国大兴。

第一个故事中，齐威王在辨识人才时不只听众人对此人的评价，而是派人实地考察，从而得出正确的结论，赏贤惩奸佞，齐国大振。第二个故事中，齐景公只根据众人的评价来判断臣子的功绩，不过好在晏子依靠自己的智慧，使齐景公最终醒悟，齐国也因此而兴盛。这两个故事告诉我们，不审慎地考察一个人的行为，只通过人们的赞誉来评价，很可能会做出错误的判断。

不以言取人是因为一个人言语好听，却未必有真实德行。《论语》讲："巧言令色，鲜矣仁。"以花言巧语、伪善的面孔取悦别人，看到矛盾时当好好先生，面对利益则削尖脑袋去争，走到哪里全靠一张嘴，这样的人没有什么仁德之心可言！"君子不以言举人"。这也是为什么中国不通过演讲来竞争选举领导人的原因。

《荀子》中说："口能言之，身能行之，国宝也。口不能言，身能行之，国器也。口能言之，身不能行，国用也。口言善，身行恶，国妖也。治国者，敬其宝，爱其器，任其用，除其妖。"口能言说圣贤之道，又能身体力行，这样的人是国家的至宝；虽然不能讲述圣贤之道，但能将圣贤所说的道理践行出来，这种人是国家的重器；口能谈论圣贤之道，但是自身却不能具体落实，这种人只可作为国家的用具；口中说得好听，所为却是恶事，这种人是国家邪恶之人。治理国家的人，应当尊敬"国宝"，爱戴"国器"，任用"国用"，铲除"国妖"。为何要"除其妖"？因为将"国妖"置于领导岗位，无异于将他的恶行传播给众人，"国妖"的职位越高，危害也越大。"国妖"并不仅指国家的臣子，凡是言善行恶、阳奉阴违之人都是"国妖"，都会对社会风气造成不良的影响，使人对道德伦理丧失信心，所以危害极大。"除其妖"最根本的是要去除他们产生的不良影响，而根治的途径还是要从任用贤德、净化人心做起。

不能依靠众人的评价来评判，这是因为众人的评价未必准确。在《论语·卫灵公》篇中，孔子说："众恶之，必察焉；众好之，必察焉。"所有的人都厌恶一个人，不要轻易地相信，要认真地去考察，是这个人真的品质恶劣、能力低下，还是因为这个人不阿众取荣，得罪了某些人？或是众人都贪污受贿，这个人自守清廉，不愿同流合污？如果所有人都喜欢一个人，也不要轻易相信，要认真地考察，是这个人真的德行高尚、能力超群，还是因为这个人结党营私，搞小团体，赞誉的人接受了贿赂，才为他说好话？如果领导者喜欢用世人所赞誉的人，那很有可能得不到真正的贤士。看似举贤任贤，但是不得用贤之实，就会导致社会混乱。对此，《六韬·举贤》上有一段精辟的论述：如果领导者以世俗大众所称赞的人为贤德的智者，以世俗大众所毁谤的人为不肖之徒，那么，喜欢结党营私的人就会被举荐出来，不愿结党、党羽少的人就会被罢退。邪曲不正之人结党营私，排除异己，真正贤德之人就会被蒙蔽埋没。忠臣还会因"莫须有"的罪名被处死，奸邪小人以虚有的声誉取得领导之位。如此下去，世间的乱象就会愈来愈严重，国家也就免不了要危亡了。

　　因此，在考察一个人时，要深入实际，调查研究，实事求是，去伪存真。正如习近平总书记在讲话中多次强调的，要知人，就要近距离接触干部，观察干部对重大问题的思考，看其见识见解；观察干部对群众的感情，看其品质情怀；观察干部对待名利的态度，看其境界格局；观察他们的为人处事方式，看其道德品质；观察干部处理复杂问题的过程和结果，看其能力水平。也就是既要听言，更要观行。

如何分辨贤佞，古人有着丰富的论述。例如，《说苑·臣术》中对六种贤德之臣和六种邪僻之臣的行为做了描述，这"六正""六邪"可以帮助我们观察一个人的行为。

先说"六正"。第一，能在形迹征兆尚未显现时就洞见存亡的关键、得失的要害，并在尚未形成事实之前预先制止，使君主能超脱地居于显赫荣耀的位置，这样的臣子是"圣臣"。第二，谦虚卑下，心胸坦荡，进谏善言，通达道义，用礼义来勉励君主，用良策来启示君主，促成君主的美德，匡正君主的过恶，这样的臣子是"大臣"。第三，夙兴夜寐地工作，举荐贤才无有懈怠，引用古圣先王的事迹来激励君主的意志。这样的臣子是"忠臣"。第四，能见微知著，及早预防并加以补救，堵塞漏洞，杜绝致乱的根源，转祸为福，让君主最终无有忧患，这样的臣子是"智臣"。第五，能遵循先王法度，胜任其官职，廉洁正直，端庄节俭，这样的臣子是"贞臣"。第六，当国家混乱无道时，能够不阿谀奉承，敢于犯颜直谏，这样的臣子是"直臣"。

再说"六邪"。第一，贪图享乐，不务公事，随波逐流，左右观望，这样的臣子是"具臣"，即具位充数之臣。第二，对人主言听计从，一概称是，讨人主所喜好的东西进献，以愉悦人主耳目，苟且迎合以求荣身，整天与人主寻欢作乐，不顾后患，这样的臣子是"谀臣"，即阿谀奉承的臣子。第三，内心阴险，却装得谨小慎微，以花言巧语取悦他人，内心妒忌贤人。对想要推荐的人就宣扬其优点，隐瞒其恶行；对想要排挤的人就宣扬其缺点，掩盖其优点，使人主赏罚不当，号令不能施行，这样的臣子是"奸臣"。第四，聪明足以掩饰错误，辩才足以游说，在宫内离间君主的骨肉之亲，在宫外嫉妒贤人，扰乱朝廷，这样的臣子是"谗臣"。第五，独揽权势，左右大局，巴结权贵，结党营私，自肥腰包，擅自篡改君主的命令，以使自己显达尊贵，这样的臣子是"贼臣"。第六，用邪僻之事来谄媚君主，陷人主于不义，结党营私，排斥异己，蒙蔽君主，颠倒黑白，是非不分，使人主的恶名流布全国，甚至传扬于邻国，这样的臣子是"亡国之臣"。

尊　贤：
一沐三握发，一食三吐哺

历史记载

昔成王封周公，周公辞不受，乃封周公子伯禽于鲁。将辞去，周公戒①之曰："去矣，子其无以鲁国骄士矣！我，文王之子也，武王之弟也，今王之叔父也，又相天子，吾于天下亦不轻矣。然尝一沐而三握发，一食而三吐哺，犹恐失天下之士。吾闻之曰：'德行广大而守以恭者荣，土地博裕而守以俭者安，禄位尊盛而守以卑者贵，人众兵强而守以畏者胜，聪明睿智而守以愚者益，博闻多记而守以浅者广。'此六守者，皆谦德也。夫贵为天子，富有四海，不谦者，失天下亡其身，桀纣是也。可不慎乎？故《易》曰：有一道，大足以守天下，中足以守国家，小足以守其身，谦之谓也。夫天道毁满而益谦，地道变满而流谦，鬼神害满而福谦，人道恶满而好谦。《易》曰：'谦，亨②：君子有终，吉。'

①戒：通"诫"，告诫。
②谦，亨：谦虚则亨通。

其戒之哉！子其无以鲁国骄士矣！"

——《说苑·敬慎》

　　纵观历史和古代圣王治国的经验可以发现，贤才的辅佐是君王立功于天下、成名于后世的必备条件。而要想得到贤士，就必须有礼敬的态度和谦虚的品德。本则故事节选自《说苑·敬慎》，讲述的是被孔子尊为圣人的周公是如何尊重贤士的。

　　周公姓姬名旦，是周文王的第4子，周武王的弟弟，周成王的叔叔，因其食邑在周，爵位为公，因此被称为周

周文王

　　周文王，姬昌，一代明君。被商纣王囚禁在羑里期间，潜心研究伏羲八卦，在八卦的基础上推演创造出六十四卦，又为每一卦系"卦辞"。其子周公为卦的每一爻系"爻辞"。文王周公父子为六十四卦系辞，与六十四卦合在一起被后人称为《易经》。

周成王

　　周成王，姬诵，西周第二位君主。继位时年纪尚幼，其叔父周公摄政7年。周成王与其子周康王统治期间，社会安定，40余年刑措不用，史称"成康之治"。

公，他是西周初期杰出的政治家、军事家、思想家、教育家，被后世尊为"元圣"。当文王还在世时，周公就非常孝顺，忠厚仁义。等到武王即位，周公辅佐武王，许多大事都由他来承担处理。后来，武王去世，武王的儿子成王即位，周公又辅佐年少的成王。在周朝分封诸侯时，周公被封在鲁国，但是推辞未受，最后是由周公的儿子伯禽代替到鲁国受封，并治理鲁国。伯禽在临行之前，周公有一段告诫伯禽要礼敬贤士、谦恭待人的话，是本故事最精彩的部分。

周公说："我是文王的儿子，武王的弟弟，当今天子成王的叔父，我的地位在全天下人中已经不算低了。但是我洗一次头仍要多次握起头发，吃一顿饭要多次吐出口中食物，起身接待贤士，即便如此，我依然害怕失去天下的

一沐三握发，一食三吐哺

古时洗发为沐，洗身为浴。三为虚数，指多次。握发，手握头发。吐哺，吐出口中所含食物。这句话的意思是，洗发时多次把头发握在手中，吃饭时多次吐出口中的食物。比喻为了招揽人才而操心忙碌。后来用"吐哺握发"来形容求贤殷切，礼贤下士。

贤士。你到鲁国之后，千万要谨慎，不要因为拥有诸侯国而骄慢待人。我听说，道德品行宽广博大又能守持恭敬的人才会荣显，拥有广阔富饶的土地又能守持节俭的人才会安乐，俸禄多、爵位高又能守持谦卑的人才会尊贵，兵员众多、军队强大又能小心谨慎的人才会获胜，聪明睿智又能守持愚拙姿态的人才会受益，见闻广博、记忆力强又能守持浅陋态度的人才会更加广博。这六种操守都是谦虚的美德。贵为天子，富有天下，但是没有谦虚的德行就会失去天下、败亡自身，夏朝和商朝的亡国之君桀、纣便是这样的人，所以不能不谨慎啊！所以《易经》中有一种处世之道，大可以保住天下，中可以保住国家，小可以保住自身，说的就是谦虚。天道的规律是减损盈满者而增益谦虚者，地道的规律是改变盈满者而流向谦虚者，鬼神之道的规律是损害自满者而福佑谦虚者，人道的规律是厌恶自满者而喜好谦虚者。《易经》中说，人能谦虚则诸事亨通，君子若能始终保持谦德，就会吉祥如意。你要引以为戒啊，一定不要因为做了鲁国的国君就对士人傲慢啊！"

通过周公告诫儿子的话，可以看出周公将谦卑待人置于何等重要的位置。正是因为有周公"吐哺握发"这种礼贤下士的态度，天下贤德之人竞相前来归附。据《说苑·尊贤》记载，周公代理天子执政的7年里，平民人士之中，他带着礼物以尊师之礼求见的有10人，以朋友之礼求见的有12人，对穷巷陋屋中的贫寒之士优先接见的有49人，被他举荐的优秀人才有上百人，受他教导的士人有上千人，授予官职的朝拜者有万人。那时，假使周公对人骄傲且鄙吝，那么天下的贤士来的就很少了，就算有来的，也是为了贪图财利而空食俸禄、无所事事的人。孟子说："尊贤使能，俊杰在位，则天下之士皆悦而愿立于其朝矣。"（《孟子·公孙丑上》）如果贤士被尊敬重用，则天下的贤士都会欢欣鼓舞，自然会前来辅佐君主。这是"同声相应、同气相求"的吸引力法则。

我们再来看两则齐桓公尊贤的故事。

《说苑·尊贤》记载，齐桓公为了招徕贤士，在庭中设置了庭燎，也就是照明的火炬，这是接待宾客的盛礼。但过了一年都无人前来。这时有位士人前来求见，理由是自己懂得九九算法。桓公说："懂得九九算法就足以来求见吗？"那人回答说："臣并不认为懂得九九算法就值得被接见。但是臣听说您设立庭燎以礼待士人，可过了一年也没有士人前来。士人之所以不来，是因为您是天下的贤君，四方的士人都自认为比不上您，所以不来。九九算法只不过是个小技能，如果国君连拥有这样小技能的人都能礼遇，那么何况更贤能的人呢？"桓公说："说得好。"于是就对这个人以礼相待。一个月后，四方的士人便携手相伴，一同到来了。

故事中，桓公一开始也希望能获得贤才，而士人却认为自己不比桓公贤明，所以不来。从这里看出，齐桓公求贤的态度还不够谦虚诚恳，他在坐等贤才，只有求贤之名，缺少求贤之实。假如桓公能像周公当年那样带着礼物去拜访贤士，恐怕就不会发生等了一年都没有贤士前来的情况了。好在桓公是一位纳谏的君主，他赞同并采纳以九九算法求见之人的谏言，向天下展示了他尊重贤才的诚意，四方贤士便相约而来了。这也为我们鲜活地展示出"敬一贤而众贤悦"的道理。

另一个故事是根据《新序》的记载，齐桓公去拜访一位名叫稷的小臣，稷是一位隐于草莽之中的贤士。齐桓公一天中去了3次都没有见到。随行人员说："拥有万辆兵车的大国国君去拜见一个平民百姓，一天之中去了3次都没能见到，就此作罢吧。"齐桓公却说："不行。士人当中那些轻视官爵和俸禄的人，当然就会轻视国君。如果国君轻视成就霸业、王业的大事，也自然会轻视贤士。纵

然这位先生轻视官爵和俸禄，我又怎么敢轻视王霸大业
呢？"后来，齐桓公直到第5次拜访，才见到小臣稷。诸
侯们听到这件事后都说，"齐桓公对平民百姓都能屈身去
见，何况对诸侯国的国君呢？"因此，天下的诸侯们都相
继来朝见桓公。

这一次，桓公是有求贤之实了。齐桓公一连5次前往
访贤，充分体现了桓公求贤的诚恳态度。桓公之所以尊重
贤士，是因为他不敢轻视自己所追求的王霸大业。桓公尊
贤的态度为他成就霸业奠定了基础。

周公和齐桓公的故事告诉我们，为政者尊贤的态度是
得贤的重要因素，而尊贤就要求为政者要为人谦虚。周公
在告诫伯禽时引述了《周易·谦卦》中论述天道、地道、
鬼神之道和人道的规律。天道规律，月满则亏，月亏则
满，也就是老子所说的"损有余而补不足"。地道的法则
是改变盈满者，充实谦虚者。水往低处流，大海能容纳百

《周易·谦卦》

《周易·谦卦》，在六十四卦中，唯
独谦卦六爻皆吉。谦卦教导君子立身处世
应处处谦虚礼让，才能获得吉祥。

《周易·益卦》

《周易·益卦》，此卦为损上以益下，下受益，上也受益。君子观此卦能够迁善改过，则善莫大焉。

《周易·屯卦》

《周易·屯卦》，此卦意在说明事物初创之时艰难，然而顺应时运，坚定意志，突破艰难，必大有可为。

川，就因它常谦卑处下，"海纳百川，有容乃大"。古人正是通过观察天地自然的运行规律，总结出"满招损，谦受益"的道理。

被誉为"群经之首""大道之源"的中华典籍《周易》中，记载了很多有关谦德的智慧。《益卦》说："自上下下，其道大光。"身处领导之位而能谦恭地对待下属的人，他的前途一片光明。《屯卦》说："以贵下贱，大得民也。"（屯音zhūn）以尊贵的身份谦卑地对待地位卑下的人，就会大得民心。《谦卦》说："劳谦君子，万民服也。"功勋卓著为人谦和的君子，万民都会敬服于他。如果一个人有功劳而不居功自傲，那么他就不仅不会招致嫉妒，还会更令人们信服。周公德行高尚，为周朝的建立和巩固立下了卓绝的功勋，但是为人始终谦和，礼贤下士，是一位谦谦君子，因此受到了万民的敬仰。周公制礼作乐，奠定了周朝八百年基业，其创立的礼乐制度在中国古代使用了千年。周公也被后世奉为天下第一圣人——元圣。

　　贤德之人往往淡泊名利，如果自己得不到尊重，提出的意见不被采纳，就会选择离开。《新序》记载，孔子的弟子子张前去拜见鲁哀公（前494年—前468年在位），一连求见7天，哀公都没有以礼接见。子张就委托御夫给哀公带话后便离开了。子张说，我听说国君您爱好贤士，所以不远千里而来，走百里才休息一次，脚上磨起层层厚茧，一直不敢休息，赶来拜见您。可是一连7天，您都没有给予应有的礼遇。可见国君爱好贤士，就像叶公子高喜欢龙一样。叶公喜欢龙，衣服居所都用龙来装饰。天上的真龙听说后就飞了下来，把头伸进窗子偷看，尾巴拖在厅堂。叶公看见真龙后，吓得魂飞魄散，掉头就跑。可见，叶公并不是真的喜好龙。如今臣下听说国君爱好贤士，所以不远千里前来拜见。求见7天您都没有以礼接见，可见，您并不是真的爱好贤士。

谥号

谥号，帝王、诸侯、卿大夫、大臣等死后，朝廷根据其生前事迹及德行赐予的评定性称号。

子张之言可谓直指鲁哀公执政的弊病，有贤不能任用，贤人之言不能听从。鲁哀公失去的何止是子张呢？当时孔子就在鲁国，哀公尊重孔子，也多次向孔子请教政事，但这种尊贤只停留在口头上，对孔子提出的建议不予采纳，直到孔子去世，哀公也没有任用孔子。鲁哀公谥号为"哀"也确实恰当。哀其不幸，怒其不争。哀公自己不能奋发图强，政事上对内不能励精图治，对外不能协和邻邦，自己最后客死他乡，鲁国地位也更加衰落。

尊贤是中华民族的传统美德，这也体现在当今中国的领导人身上。国家主席习近平就是尊贤敬老的表率。2017年11月17日，在全国精神文明建设表彰大会上，习主席与代表们热情握手时，看到一位白发苍苍的老人站在人群中，习主席挪开前排的凳子，伸手扶住老人，邀请他坐到自己身边。老人执意推辞，习主席一再邀请，说："来！挤挤就行了。"另一位老人也在邀请下坐到了前排座位上，与全体代表共同合影留念。全场爆发出了长时间热烈的掌声。这两位老人，一位是大国重器，93岁的"中国核潜艇之父"黄旭华，他是中船重工第719研究所名誉所长、首批中国工程院院士、我国第一代核潜艇总设计师；另一位是造福百姓生活的，82岁的"绝壁凿水渠的村支书"黄大发，他用36年的时间干了一件大事：修水渠，从而解决了全村人的喝水问题。经久的掌声不仅表达了大家对以黄旭华、黄大发为代表的民族脊梁的敬意，也表达了对习主席尊贤敬老的感动。

用 贤：
栾武子用贤，从善不从众

历史记载

晋栾书①救郑，与楚师遇于绕角。楚师还，晋师遂侵蔡。楚公子申、公子成以申、息②之师救蔡，御诸桑隧。赵同、赵括欲战，请于武子，武子将许之。知庄子、范文子、韩献子谏曰："不可。吾来救郑，楚师去我，吾遂至于此，是迁戮也。戮而不已，又怒楚师，战必不克。虽克，不令③。成师④以出，而败楚之二县，何荣之有焉？若不能败，为辱已甚，不如还也。"乃遂还。

于是⑤军帅之欲战者众，或⑥谓栾武子曰："圣人与

---

①栾书：即栾武子。
②申、息：为楚国二县。
③令：美好。
④成师：指晋国六军全部出征。
⑤于是：这时候。
⑥或：有人。

众同欲，是以济事。子盍①从众？子为大政②，将酌于民者也。子之佐十一人，其不欲战者，三人而已。欲战者可谓众矣。《商书》曰：‘三人占，从二人。’众故也。”武子曰："善钧从众。夫善，众之主也。三卿为主，可谓众矣。从之，不亦可乎？"

　　　　　　　　　　　　　　——《左传·成公六年》

　　有贤而不用，等于没有贤士；不听从贤士的意见，也等于没有贤士。因此，任人唯贤中最重要的一环是用贤。上文节选自《左传·成公六年》，讲述的是栾书用贤的故事。

　　公元前585年，楚国攻打郑国，晋国中军帅栾书领兵救郑，和楚军在郑国的绕角（今河南鲁山县东南）交战。楚军撤兵回国后，晋军却乘机入侵了蔡国。楚国的公子申、公子成率领楚国申县、息县的军队前去援救蔡国。晋国的下军佐赵同、新中军佐赵括想要出战，向栾书请命，栾书打算同意。这时候，中军佐荀首、上军佐士燮、新中

---

①盍："何不"的合音字。
②大政：指中军元帅。

军将韩厥三人劝谏说："不可以。我们是来救郑国的，楚军离去，我们才到了蔡国这里。现在如果我们出兵与楚国交战，就是把杀戮转移到了蔡国。杀戮没有停止，又去激怒楚军，如果交战，必然不能取胜。即使取胜也是不善之举，我们倾六军出战，如果仅仅打败楚国两个县的军队，又有什么光荣可言呢？如果不能打败他们，受到的侮辱就更大了。不如撤兵回国。"

三人劝谏不可出兵的理由可以归纳为两点。第一，出兵无法取胜。因迁怒而杀戮无辜是不义，被激怒的楚军又难以抵挡，所以说无法取胜，也就是"好战必亡"。第二，取胜也不足为荣。楚国的三军不常出动，多用申县和息县（分别在今河南省南阳市和息县）的军队作战。晋国以倾国之兵战胜楚国两个县的军队，以大胜小，胜之不武，不足为荣。于是晋军就撤回了。

当时晋国军队的将领中主张出战的很多。有人对栾书说："您的辅佐者有11人，不同意作战的只有荀首、士燮、韩厥3人，想要交战者占多数。您为何不听从众人的意见呢？栾书说："有不同意见时，应当听取好的意见；如果同样都是好的意见，就服从多数。现在三卿的意见是好的，所以应当听从。"栾书的高明之处，在于他懂得如

何真正用贤。

"夫善，众之主也"的论断最值得圈点。如果以人数多少为标准，那么3人确实不敌8人。但是栾书认为，善为众之主。现在三卿是晋国的贤臣，他们的意见是好的，即使是少数，也应当以他们的意见为主。栾书告诉我们的就是"从善不从众"的道理，这也是使贤士真正发挥作用的一种方式。

"从众"用现在的话说是"服从多数"，也是西方所推行的民主的基本逻辑。我们则主张"从善"优于"从众"。

中国共产党的根本宗旨是全心全意为人民服务，党的一切工作都是以最广大人民根本利益为出发点的，检验一切工作的成效，也是看人民是否真正得到了实惠，人民生活是否真正得到了改善，人民权益是否真正得到了保障。因此，中国共产党是中国最广大人民根本利益的代表，中国的政治体制保证的就是人民当家做主。由此看来，中国是整体性的社会。这种整体性源自中华文化中一体的宇宙观，这种一体宇宙观的原点就是孝，而孝又是人的本性之德。因此，整体性社会、稳定性社会是中华民族几千年来自然而然的特征，无论是什么样的政府，无论具体采用怎样的方式执政，所追求的目标都是达到善政。

中国特色社会主义民主符合中国人民意愿和根本利益，是完全适合中国国情的民主制度，也是具有强大生命力和独特优势的民主制度。世界著名的未来学家，"大趋势"的代言人奈斯比特（John Naisbitt）认为，"民主的真谛就是人民做决定。中国正在构建一个不同于西方的体系来实现民主。这种模式较之西方的民主拥有更加长远的目光。"

远佞：
不能退不肖，欲存可得乎

历史记载

子路问于孔子曰："贤君治国，所先者何？"

孔子曰："在于尊贤而贱①不肖。"

子路曰："由②闻晋中行氏尊贤而贱不肖矣，其亡何也？"

孔子曰："中行氏尊贤而不能用，贱不肖而不能去。贤者知其不用而怨之，不肖者知其必己贱而仇之。怨仇并存于国，邻敌构兵③于郊，中行氏虽欲无亡，岂可得乎？"

——《孔子家语·贤君》

在治国理政中，黜退无能之人、奸佞之臣也是非常重

①贱：轻视。
②由：子路自称。
③构兵：陈兵，聚集军队。

《孔子家语·贤君》

　　《孔子家语》又名《孔氏家语》，简称《家语》，是一部记录孔子及孔门弟子思想言行的著作。其中《贤君》篇主要论述的是贤君的标准。

要的。本则故事节选自《孔子家语·贤君》，讲述的是孔子向他的弟子分析晋国中行氏（行音háng）灭亡的原因。

　　孔子的弟子子路问孔子，一个贤明国君治理国家，首先要做的是什么？孔子说："在于尊重贤德之人，轻视无能的小人。"子路说："我听说晋国的中行氏已经做到尊重贤士、轻视小人了，他为什么还会亡国呢？"孔子说："中行氏尊重贤才却不能重用他们，轻视小人却不能黜退他们。贤士不被重用所以埋怨他，小人被轻视所以仇恨他。埋怨和仇恨并存，邻国的敌军又在郊外陈兵，中行氏怎么可能不灭亡呢？"

　　中行氏的故事告诉我们，仅仅尊贤是不够的，还要用贤，并且黜退小人，特别是要黜退领导者身边的小人。有贤而不用，等于没有贤士，这个道理在前文的故事中已经分析。这里着重分析为什么一定要黜退奸佞之臣。在《说

苑·政理》中记载有齐桓公问管仲的一段对话，通过这段对话可以明白，奸佞之臣对国家的危害。

　　齐桓公问管仲，治理国家所要担心的是什么？管仲回答说要担心"社鼠"。桓公不解。管仲就向桓公解释何谓"社鼠"。管仲说："土地神像是由捆绑起来的木头，外面再涂上泥制成的。土地神像可以成为老鼠的托身之所，人们若要除掉老鼠，用烟熏会害怕烧坏木头，用水灌又怕冲坏了涂在上面的泥，所以因为顾忌土地神像的缘故，人们不能杀死老鼠。同样，对于国家来说，君主身边的小人就是社鼠。在朝野内，他们对君主蒙蔽善恶实情，在朝野外，他们仰仗君主的庇护，向百姓炫耀手中的大权，进而鱼肉乡里。人们想要诛杀他们，却又顾忌君主的庇护。"

　　除了"社鼠"，还有一类人也会给国家带来忧患，那就是嫉贤妒能之人。管仲在讲完"社鼠"之后，继续用"猛狗"来比喻嫉贤妒能之人，并指明他们把持权位对国家的危害。

　　管仲说：有一人卖酒，酒器洁净，酒旗高悬，但是直到酒都放酸了也卖不出去。这个人就问邻居是什么缘故。邻居说，是因为你家的狗太凶了，有人来买酒，狗迎面就咬，所以没有人敢来买酒了。管仲以此比喻来说明，国家也有"猛狗"。有道德学问的人想来辅佐国君，那些有权有势而又嫉贤妒能的人迎上去就咬，这种人便是国家的"猛狗"。如果君主身边任用的都是这样的人，贤能之人就得不到任用，因为这些"猛狗"害怕贤士一旦受到国君器重，就会危及自己的地位，损害自己的利益。

"猛狗"和"社鼠"都是对国家危害极大的人。当他们触犯法律时，司法官员会投鼠忌器，这些人就很难被治罪或清除，因而给国家带来隐患。这些人之所以会在君主的身边把持国政，一个很重要的原因就是他们是君主的宠臣，或者与君主沾亲带故，隐藏于君主的庇护之下，因此很难去除。如果他们不能被黜退，就会出现"邪臣内，则贤臣毙"的情况，这时国家就不免会危亡了。对一个国家来说，外患容易引起人们同仇敌忾，进而团结起来，驱逐外侮。而内忧就不同了，不仅难以引起警惕，甚至难以觉察，因此，领导者要特别注意发现自己身边是否有"社鼠"和"猛狗"。《尚书》中说："仆臣正，厥后克正；仆臣谀，厥后自圣。"意思是说，如果君主的属下都是正直之人，君主就能正直；倘若君主的属下都是阿谀奉承之人，久而久之，君主就会自以为圣明。所以，古人特别强调，不能让谄媚逢迎之人留在自己的身边。

有时候，"社鼠"和"猛狗"并非一开始就是领导的宠臣，而是在与领导的长期工作关系中逐渐形成的，他们擅长投其所好，于是成为领导的"得力"助手，因此也很难被发现。现在，国家实行公务员职位轮换的做法，可以从制度上避免这种关系的形成。轮换制度指担任领导职务的公务员在同一职位上任职5年以上，原则上就要实行轮岗，而且国家公务员在向上一级晋升领导职务时，一般也要具有在下一级两个以上职位任职的经历。这种制度不仅可以培养高素质的国家公务员队伍，还可以增强政府机关活力，提高办事效率，促进勤政、廉政建设。

赏 贤：
君臣后同心，合力铸贞观

　　长乐公主，文德皇后所生也。贞观六年将出降①，敕所司资送倍于长公主。魏徵奏言："昔汉明帝欲封其子，帝曰：'朕子岂得同于先帝子乎？可半楚、淮阳王。'前史以为美谈。天子姊妹为长公主，天子之女为公主。既加'长'字，良②以尊于公主也，情虽有殊，义无等别。若令公主之礼有过长公主，理恐不可，实愿陛下思之。"太宗称善。乃以其言告后，后叹曰："尝闻陛下敬重魏徵，殊未知其故，而今闻其谏，乃能以义制人主之情，真社稷臣矣！妾与陛下结发为夫妻，曲蒙礼敬，情义深重，每将有言，必候颜色，尚不敢轻犯威严，况在臣下，情疏礼隔，故韩非谓之说③难，东方朔称其不易，良有以也。忠言逆耳而利于行，有国有家者深所要急，纳之则世治，杜

①出降：下嫁。
②良：表态副词。下文"良有以也"同。
③说：音shuì，游说。

之则政乱，诚愿陛下详之，则天下幸甚！”因请遣中使[1]赍[2]帛五百匹，诣[3]徵宅以赐之。

——《贞观政要·公平》

古代贤德的君主，不仅任用贤德之臣，还会对他们进行赏赐，以此劝勉更多的臣子。唐太宗李世民就是一位贤明的君主，他的臣子魏徵是中国历史上极负盛名的谏臣。上文节选自《贞观政要·公平》，讲述了魏徵劝谏唐太宗减少公主嫁妆并受到赏赐的故事。

长乐公主是文德皇后所生，是唐太宗第五女，长孙皇后第一女，所以又是唐太宗的嫡长女，一出生就深得皇帝和皇后的宠爱。贞观六年（632年），长乐公主将要出嫁，太宗下令给长乐公主置办的嫁妆，比长公主的嫁妆还要高一倍。长公主是指唐高祖之女永嘉长公主，是唐太宗的妹妹。魏徵听说后前来劝谏说：“当年汉明帝要封赏他的儿子时对大臣说，‘我的儿子怎能和先帝（指汉光武帝

---

①中使：宫中派出的使者，多指宦官。
②赍：音jī，持财物给人。
③诣：到。

《贞观政要·公平》

《贞观政要》是唐朝史学家吴兢撰写的一部政论性史书，记载了唐太宗在位的23年中，与诸位大臣就朝政事宜进行的讨论，以及当时政治、经济上的重大举措。其中《公平》篇主要阐述君王处理政事贵在公允。

刘秀）的儿子同等待遇呢？封赏时，就按照先帝的儿子楚王刘英、淮阳王刘昺（bǐng）的一半去封赏吧。'以前的史官以此作为美谈。皇帝的姐妹称长公主，皇帝的女儿称公主，既然多了'长'字，就说明长公主的地位比公主要尊贵。虽然对待姐妹与对待女儿的感情不同，但是所遵从的道义是一样的。如果公主出嫁的礼节逾越了长公主，道理上恐怕是讲不通的，还望陛下三思。"太宗听后，不但没有生气，反而称赞了魏徵，并将魏徵的谏言告诉了长孙皇后。皇后听罢感叹道，"我一直听说陛下您很器重魏徵，却不知道是什么原因。今天听了他的谏言，才知魏徵能够用道义来规劝皇帝的私情，真是国之栋梁、社稷之臣啊。我有幸与陛下结为夫妻，承蒙陛下对我以礼相待，情深义重，即便如此，我每次在劝谏时，还要看陛下的脸色

🔖 **韩非子**

　　韩非子，战国末期韩国新郑人，中国古代思想家、哲学家，是法家思想之集大成者。著有《孤愤》《五蠹》《内外储》《说林》《说难》等文章，后人收集整理编纂成《韩非子》。

🔖 **东方朔**

　　东方朔，西汉时期著名文学家，汉武帝时为大夫，精通文史。

　　和心情，不敢轻易冒犯您的威严，更何况臣子。因此韩非子说'说难'，东方朔说'不易'，确实是这样的。但是，忠言逆耳而利于行，这对于有国有家者是最为紧要的。采纳忠言就会天下大治，拒绝忠言就会朝政混乱。诚恳地希望陛下能详查其中的道理，便是天下最大的幸事了。"因而请求派遣宫中的使者带着500匹帛到魏徵的家里赐给他。

　　这个故事中出现了一位明君，一位直臣，一位贤德的皇后。唐太宗李世民被称作"千古一帝"，他任用贤臣，从谏如流，以文德治理天下，对内实现了国泰民安。魏徵是历史上著名的谏臣，曾多次向唐太宗谏言，有明确

文献记载的进谏就有190余次，而且多数谏言被唐太宗所采纳。而且，根据史料观察，魏徵17年不离太宗左右，事无巨细，太宗均与魏徵商议，所以魏徵实际进谏的内容必定远超于此，魏徵因此也被誉为"千古谏臣"。唐太宗的皇后长孙皇后，史称"千古贤后"，从皇后的一番话也可以感受到，她深明大义，能以自己特有的方式向皇帝进一步劝谏。正是有唐太宗这样的"千古一帝"，任用魏徵这样的"千古谏臣"，并有长孙皇后这样的"千古贤后"，明君、直臣、贤皇后，再加上满朝的文武官员，共同开创了唐朝初年的盛世，也是中国历史上著名的盛世——"贞观之治"。正如《三国志·魏志》所言："有不世之君，必能用不世之臣；用不世之臣，必能立不世之功。""不世"即世所罕见，非凡卓越。这句话的意思是，有非同寻常的君主，必能任用非同寻常的臣子；任用非同寻常的臣子，必能立下非同寻常的伟业。

　　敬一贤则众贤悦，赏一善则众臣劝。相反，如果用贤而不赏贤，则会是一个国家的忧患。《新序》记载，晋文公在虢（guó）地打猎，遇到一位老人，文公问他："您住在这里很久了，对虢国的灭亡您有什么评议呢？"老人回答说："虢国国君自己不能决断国事，又不听取进谏的忠言。自己不能决断，也不重用贤才，这就是虢国灭亡的原因了。"文公听到后便停止打猎，返回朝廷，遇见了赵衰，就把老人的话告诉了赵衰。赵衰说："古时候的国君，采纳了一个人的谏言就任用这个人；现在的国君，采纳了别人的建议却对这个人弃之不顾。可悲啊！这是晋国令人忧患之处呀！"于是晋文公就召见了那位老人，并给予赏赐。从此之后，晋文公乐于采纳谏言，并最终因此称霸诸侯。

　　奖励制度是中国长期坚持的一项重要政策和制度。新中国成立后，为了表达对英雄的致敬和感恩，即对在中国人民革命事业和中华人民共和国建立的伟大事业中立下卓越功勋的革命功臣授以勋章奖章。进入社会主义建设时期，奖励的级别上到最高的国家级，下到省市甚至基层；奖励的类别涵盖科学技术、文化影视、工程建设，还有各种荣誉如道德模范、劳动模范、感动中国人物等。这些都是对为国家建设、人民幸福做出贡献的杰出人士的奖励与感谢，同时鼓励更多的人积极投身到国家的发展与建设中来。奖励包括精神上的鼓励和物质上的奖励。例如，中国政府给做出突出贡献的专家、学者、技术人员发放国务院政府特殊津贴，获得者被称为享受国务院政府特殊津贴专家，这是中华人民共和国国务院对于高层次专业技术人才和高技能人才的一种奖励制度，是关心爱护专业技术人员的重大举措。

2019年，在新中国成立70周年之际，中华人民共和国国家勋章、国家荣誉称号以及友谊勋章颁授仪式在北京举行。共和国不会忘记英烈，这是以共和国的名义致敬功勋、礼赞英雄、感恩先烈的一种方式，是对新中国70年奋斗史的深情回望，更是为了续写更加光辉的梦想。

历史名言

1. 同声相应，同气相求。

——《周易·文言》

2. 开国承家，小人勿用。

——《周易·师卦》

3. 方以类聚，物以群分，吉凶生矣。

——《周易·系辞上》

4. 德薄而位尊，知小而谋大，力小而任重，鲜不及矣。

——《周易·系辞下》

5. 任贤勿贰，去邪勿疑。

——《尚书·大禹谟》

6. 任官惟贤才，左右惟其人。

——《尚书·咸有一德》

7. 明王立政，不惟其官，惟其人。

——《尚书·周官》

8. 仆臣正，厥后克正；仆臣谀，厥后自圣。

——《尚书·冏命》

9. 济济多士，文王以宁。

——《诗经·大雅·文王》

10. 任贤使能，周室中兴焉。

——《诗经·大雅·烝民·序》

11. 人之云亡，邦国殄瘁。

——《诗经·大雅·瞻卬》

12. 大道之行也，天下为公，选贤与能，讲信修睦。

——《礼记·礼运》

13. 其人存，则其政举；其人亡，则其政息。

——《礼记·中庸》

14. 义者，宜也，尊贤为大。

——《礼记·中庸》

15. 外举不弃雠，内举不失亲。

——《左传·襄公二十一年》

16. 子曰："举直错诸枉，能使枉者直。"

——《论语·颜渊》

17. 子曰："君子不以言举人，不以人废言。"

——《论语·卫灵公》

18. 子曰："众恶之，必察焉；众好之，必察焉。"

——《论语·卫灵公》

19. 子曰："人能弘道，非道弘人。"

——《论语·卫灵公》

20. 尊贤使能，俊杰在位，则天下之士皆悦，而愿立于其朝矣。

——《孟子·公孙丑上》

21. 惟仁者宜在高位。不仁而在高位，是播其恶于众也。

——《孟子·离娄上》

22. 进贤受上赏，蔽贤蒙显戮，古之道也。

——《汉书·武帝纪》

23. 有不世之君，必能用不世之臣；用不世之臣，必能立不世之功。

——《三国志·魏志·陈思王植传》

24. 才者，德之资也；德者，才之帅也。（中略）才德全尽谓之"圣人"，才德兼亡谓之"愚人"；德胜才谓之"君子"，才胜德谓之"小人"。凡取人之术，苟不得圣人、君子而与之，与其得小人，不若得愚人。何则？君子挟才以为善，小人挟才以为恶。挟才以为善者，善无不至矣；挟才以为恶者，恶亦无不至矣。

——《资治通鉴·周纪一》

25. 夫上士，难进而易退也；其次，易进而易退也；其下，易进而难退也。

——《晏子春秋·内篇问上》

26. 仁者莫大乎爱人，智者莫大乎知贤，贤政者莫大乎官能。

——《孔子家语·王言》

27. 释贤而任不肖，国之不祥。

——《孔子家语·正论》

28. 尊圣者王，贵贤者霸，敬贤者存，慢贤者亡，古今一也。

——《荀子·君子》

29. 口能言之，身能行之，国宝也；口不能言，身能行之，国器也；口能言之，身不能行，国用也；口言善，身行恶，国妖也。治国者敬其宝，爱其器，任其用，除其妖。

——《荀子·大略》

30. 仁者在位而仁人来，义者在朝而义士至。

——《新语·思务》

31. 无常安之国，无恒治之民，得贤者则安昌，失之者则危亡。自古及今，未有不然者也。

——《说苑·尊贤》

32. 夫贤者之为人臣，不损君以奉佞，不阿众以取容，不堕公以听私，不挠法以吐刚，其明能照奸，而义不比党。

——《潜夫论·潜叹》

33. 凡论人，通则观其所礼，贵则观其所进，富则观其所养，听则观其所行，止则观其所好，习则观其所言，穷则观其所不受，贱则观其所不为。喜之以验其守，乐之以验其僻，怒之以验其节，惧之以验其特，哀之以验其人，苦之以验其志。八观六验，此贤主之所以论人也。

——《吕氏春秋·论人》

34. 惟恤十难以任贤能。一曰不知，二曰不进，三曰不任，四曰不终，五曰以小怨弃大德，六曰以小过黜大功，七曰以小短掩大美，八曰以干讦伤忠正，九曰以邪说乱正度，十曰以谗嫉废贤能。是谓十难。十难不除，则贤臣不用；贤臣不用，则国非其国也。

——《群书治要·申鉴》

35. 得人之道，盖在于敬贤而诛恶也。敬一贤则众贤悦，诛一恶则众恶惧。

——《群书治要·典语》

36. 夫世之治乱，国之安危，非由他也。俊乂在官，则治道清；奸佞干政，则祸乱作。

——《群书治要·典语》

37. 明君必顺善制而后致治，非善制之能独治也，必须良佐有以行之也。

——《群书治要·傅子》

38. 听言不如观事，观事不如观行。听言必审其本，观事必校其实，观行必考其迹。参三者而详之，近少失矣。

——《群书治要·傅子》

39. 好听世俗之所誉者，或以非贤为贤，或以非智为智，或以非忠为忠，或以非信为信。君以世俗之所誉者为贤智，以世俗之所毁者为不肖，则多党者进，少党者退，是以群邪比周而蔽贤，忠臣死于无罪，邪臣以虚誉取爵位，是以世乱愈甚，故其国不免于危亡。

——《群书治要·六韬·文韬》

40. 一曰问之以言，以观其辞。二曰穷之以辞，以观其变。三曰与之间谍，以观其诚。四曰明白显问，以观其德。五曰使之以财，以观其廉。六曰试之以色，以观其贞。七曰告之以难，以观其勇。八曰醉之以酒，以观其态。八征皆备，则贤不肖别矣。

——《六韬·龙韬·选将》

41. 治国安家，得人也；亡国破家，失人也。

——《三略·上略》

42. 贤臣内则邪臣外。邪臣内则贤臣毙。内外失宜，祸乱传世。

——《三略·下略》

43. 伤贤者，殃及三世；蔽贤者，身受其害；嫉贤者，其名不全。进贤者，福流子孙。

——《三略·下略》

44. 闻贤而不举，殆也。闻善而不索，殆也。见能而不使，殆也。

——《群书治要·管子·法法》

45. 国之所以不治者三：不知用贤，此其一也；虽知用贤，求不能得，此其二也；虽得贤不能尽，此其三也。

——《群书治要·尸子·发蒙》

46. 使进贤者必有赏，进不肖者必有罪，无敢进也者为无能之人，若此，则必多进贤矣。

——《群书治要·尸子·发蒙》

47. 周公吐哺，天下归心。

——三国·曹操

48. 所守者道义，所行者忠信，所惜者名节。以之修身，则同道而相益；以之事国，则同心而共济；终始如一，此君子之朋也。故为人君者，但当退小人之伪朋，用君子之真朋，则天下治矣。

——北宋·欧阳修

49. 骏马能历险，力田不如牛；坚车能载重，渡河不如舟。舍长以就短，智者难为谋；生材贵适用，幸勿多苛求。

——清·顾嗣协

50. 我劝天公重抖擞，不拘一格降人才。

——清·龚自珍

图书在版编目（CIP）数据

任人唯贤，选贤与能：中国的选人用人制度 / 聂菲璘编著. — 北京：外文出版社，2021.12
（读懂中国制度 / 刘余莉主编）
ISBN 978-7-119-12595-4

I. ①任… II. ①聂… III. ①国家－行政管理－中国－通俗读物
IV. ① D630.1-49

中国版本图书馆 CIP 数据核字 (2021) 第 268875 号

出版指导：胡开敏　杨春燕
丛书顾问：魏礼群
丛书主编：刘余莉
责任编辑：焦雅楠
插图绘制：北京晴晨时代文化发展有限公司
封面设计：北京凤焉图文设计工作室
印刷监制：秦　蒙

任人唯贤，选贤与能
中国的选人用人制度

聂菲璘　编著

© 外文出版社有限责任公司
出 版 人：胡开敏
出版发行：外文出版社有限责任公司
地　　址：北京市西城区百万庄大街 24 号　邮政编码：100037
网　　址：http://www.flp.com.cn　电子邮箱：flp@cipg.org.cn
电　　话：008610-68320579（总编室）　008610-68996144（编辑部）
　　　　　008610-68995852（发行部）　008610-68996183（投稿电话）
制　　版：北京红十月图文设计有限公司
印　　刷：北京侨友印刷有限公司
经　　销：新华书店 / 外文书店
开　　本：889×1194mm　1/32
字　　数：116.6 千字　　　　　　　印　　张：6.625
印　　次：2022 年 2 月第 1 版第 1 次印刷
书　　号：ISBN 978-7-119-12595-4
定　　价：45.00 元